Sa Sainteté le Dalaï-Lama

Sa Sainteté le Dalaï-Lama est le chef politique et spirituel du Tibet. Il est considéré par les bouddhistes comme la réincarnation du Bodhisattva de la Compassion.
Depuis 1959, Tenzin Gyatso, XIVe Dalaï-Lama, vit en exil à Dharamsala, dans le nord de l'Inde, où il s'est réfugié après l'invasion du Tibet par la Chine. Lauréat du prix Nobel de la paix en 1989, il a vu récompenser son combat non violent en faveur de la libération de son pays.
Le Dalaï-Lama a également parcouru le monde et publié plusieurs ouvrages pour divulguer le message du bouddhisme en Occident, parmi lesquels *Puissance de la compassion*, *Conseils du cœur*, *365 méditations quotidiennes*, *Le Pouvoir de l'esprit* ou *Leçons de sagesse*.

SAVOIR
PARDONNER

DU MÊME AUTEUR
CHEZ POCKET

LES CHEMINS DE LA FÉLICITÉ
LA VIE EST À NOUS
365 MÉDITATIONS QUOTIDIENNES DU DALAÏ-LAMA
COMMENT PRATIQUER LE BOUDDHISME
LES CONSEILS DU CŒUR
LA FORCE DU BOUDDHISME
GUÉRIR LA VIOLENCE
LEÇONS DE SAGESSE
OCÉAN DE SAGESSE
LE POUVOIR DE L'ESPRIT
LA PUISSANCE DE LA COMPASSION
SAMSARA

SA SAINTETÉ LE DALAÏ-LAMA
ET VICTOR CHAN

SAVOIR PARDONNER

traduit de l'anglais par Philippe Beaudoin

PRESSES DU CHÂTELET

Cet ouvrage a paru sous le titre
The Wisdom of Forgiveness
Riverhead Books, New York, 2004.

ISBN-978-2-266-16338-5

Introduction

Télépathie au château de Prague

Je l'ai tout de suite remarquée. Elle s'était faufilée au premier rang et se tenait contre la corde de velours destinée à contenir la foule qui se pressait dans la salle des banquets du château de Prague. C'était une belle femme, d'une trentaine d'années peut-être, aux cheveux courts et blonds. Elle portait une écharpe pourpre. L'attente se lisait sur ses traits.

Nous étions en octobre 2000. Le président Havel avait invité le dalaï-lama et plusieurs autres autorités intellectuelles mondiales à Prague, dans le cadre d'un congrès consacré à l'éducation et aux valeurs spirituelles. Pour satisfaire aux nombreuses demandes d'interview, le dirigeant tibétain avait prévu une conférence de presse. Il venait de répondre à la question d'un journaliste taïwanais. Celui-ci était entouré d'une demi-douzaine de compatriotes qui voulaient tous savoir ce que le dalaï-lama pensait de la Chine et de Taïwan.

La jeune femme prit alors le micro. Lorsqu'elle se pencha en avant, deux lourds appareils photo se balancèrent devant son buste.

« Nous vivons à l'ère de l'internet. Vous connaissez beaucoup de techniques de méditation. Je suis sûre que vous savez tout de la *télépacie*...

— La téla ? » Le dalaï-lama, qui n'avait pas compris, semblait interloqué.

« La *télépacie*, répéta-t-elle.

— Ah ! La télépathie. » Il avait enfin saisi.

« Oui... Transmettre sa pensée à quelqu'un d'autre. » Solennelle, elle regardait son interlocuteur avec intensité. À son accent, j'ai deviné qu'elle était soit tchèque, soit allemande.

« Moi ? » rugit le dalaï-lama de sa voix puissante et grave, qui résonna dans la vaste pièce au lourd décor. La petite centaine de journalistes et de preneurs de vues éclatèrent de rire. « Non. Zéro. » Puis il poursuivit avec sérieux : « Je n'ai pas ce pouvoir. Mais j'espère l'avoir. Dans ce cas, avant que vous m'interrogiez... Si je connais la question, elle ne me posera aucun problème. » Il riait à gorge déployée, sans pouvoir s'arrêter. La gaieté inondait son visage expressif. Une journaliste tchèque en pleurait de joie. Dans l'assistance, chacun commençait à trouver la conférence de presse à son goût.

La jeune femme baissa les yeux un moment. Visiblement déçue par la réponse du dalaï-lama, elle était pourtant décidée à ne pas se laisser désarçonner par l'incident. Elle insista : « Ma question est celle-ci : utiliserez-vous à l'occasion le courrier électronique ou continuerez-vous à utiliser la *télépacie* ? » De toute évidence, elle était persuadée que la télépathie figurait dans l'arsenal des capacités ésotériques du dalaï-lama.

Celui-ci se tourna vers Tenzin Guéshé Trétong, son secrétaire particulier, pour lui demander de l'aide. Tous deux eurent un bref échange en tibétain. Le rouge aux joues, la jeune femme attendait.

« Bien que Sa Sainteté n'utilise pas le courrier électronique, tous les bureaux tibétains sont déjà connectés à l'internet », expliqua Tenzin Guéshé d'une voix égale.

Le dalaï-lama ajouta quelque chose en tibétain.

Tenzin Guéshé reprit : « Pour ce qui est de l'ordinateur, Sa Sainteté a du mal ne serait-ce qu'à appuyer sur la bonne touche. » Malgré lui – d'ordinaire, cet homme ne laisse transparaître aucune émotion en public –, il sourit.

Le dalaï-lama développa : « Mes doigts... » Levant la main à hauteur de son visage, il regarda ses doigts écartés. « Ils sont excellents, je crois, tout à fait adaptés au tournevis. » Puis il manipula sa main droite comme s'il s'agissait d'un outil de charpentier. Le crépitement des appareils photo était assourdissant.

« Bricoler à droite et à gauche... » Il jetait un regard d'extase sur ses doigts agiles. « De ça, au moins, je suis capable. Mais l'ordinateur... » Avec maladresse, il appuya plusieurs fois son index sur la table. « C'est sans espoir. »

À la fin de la conférence de presse, les journalistes l'entouraient pour lui serrer la main. L'Européenne se trouvait parmi eux. Il avança vers elle. Seuls quelques centimètres séparaient leurs deux visages. Quand il appuya un doigt ferme sur le front de la jeune femme, celle-ci poussa un petit cri. À la vitesse de l'éclair, elle tendit sa main droite pour agripper celle du dalaï-lama. Tous deux éclatèrent de rire, en toute liberté.

Depuis quelque temps, le dalaï-lama est devenu une figure emblématique dans le monde entier. Le fait qu'il soit le dirigeant des Tibétains et le représentant du bouddhisme le plus évident ne compte guère aux yeux du public. En Occident, son image le situe à mi-chemin entre la superstar de l'ascèse et le panda qui appelle la caresse. Lors de son séjour à New York, en 2003, il a délivré un enseignement de quatre jours à la foule qui se pressait au Beacon Theatre. Au-dessus de l'entrée, un panneau lumineux annonçait : « Actuellement : le dalaï-lama. Prochainement : Twisted Sister et Hot Tuna. »

Le lendemain, il a prononcé une allocution à Central Park. Sous un ciel lumineux, l'East Meadow était couvert d'indéfectibles fans, d'individus en quête de spiritualité et de simples curieux. Une immense scène flanquée de deux énormes écrans vidéo avait été montée pour l'occasion. Derrière les arbres, ceux qui n'avaient pu trouver place sur l'herbe s'efforçaient de l'entrapercevoir à travers un épais feuillage. Cent mille personnes assistaient à l'événement. Ce mini-Woodstock avait été organisé par l'acteur Richard Gere. Seuls Billy Graham et le pape avaient attiré davantage de monde à Central Park.

Ce jour-là, il était en grande forme. Debout à quelques dizaines de centimètres derrière lui, je le sentais imprégné de l'énergie que dégageait l'assistance. Comme d'habitude, il faisait preuve de modestie, ses propos dénotaient un humour bienveillant et il riait de bon cœur. Sans l'aide de notes, il a déclaré : « Certains d'entre vous placent des attentes très précises en la personne du dalaï-lama. Ils aimeraient que le lauréat du prix Nobel leur apporte des informations palpitantes, de l'insolite. Eh bien non ! Je n'ai rien à offrir, à part quelques mots... »

Il a ensuite abordé un thème qui lui est cher : « Nous devons consacrer nos efforts à prôner l'affection entre les hommes. Tout en nous opposant à la violence et à la guerre, nous devons montrer qu'il existe une autre voie : une voie non violente. Considérons l'humanité comme un tout. La réalité actuelle, c'est que le monde entier équivaut pratiquement à un corps. Si un événement se produit dans un endroit éloigné, ses répercussions nous atteignent chez nous. Détruire notre prochain parce que nous l'assimilons à un ennemi, c'est nous détruire nous-mêmes. Notre avenir dépend du bien-être planétaire. »

En quelques minutes, il s'était acquis l'attention de son auditoire.

Un photographe tibétain, manifestement inconditionnel du personnage, m'a murmuré à l'oreille : « Il n'a pas besoin de lire le téléprompteur. Il est la démonstration vivante de sa propre sagesse : une sagesse totalement adaptée au monde d'aujourd'hui. »

J'étais curieux de savoir si le dalaï-lama se demandait pourquoi il aimantait à ce point les foules. Lors d'une interview qu'il m'a accordée dans sa résidence de Dharamsala, en Inde, je lui ai dit : « J'aimerais vous poser une question idiote. » Il était assis en tailleur, comme à l'accoutumée, dans son fauteuil d'angle de la salle d'audiences. « Pourquoi vous aime-t-on tellement ? Pourquoi tant de personnes vous trouvent-elles irrésistible ? »

Immobile, il réfléchissait à ma question. Contrairement à ce que j'aurais cru, il n'y a pas répondu par une boutade.

Pesant ses mots, il m'a déclaré : « Je ne pense pas détenir des qualités particulièrement bonnes. Oh, il y a bien quelques broutilles... J'ai l'esprit positif. Parfois, bien sûr, je m'irrite un peu. Mais au fond de moi, je ne condamne jamais, je ne pense jamais de mal d'autrui. J'essaie aussi de considérer davantage autrui. Je juge autrui plus important que moi. Peut-être m'aime-t-on pour mon bon cœur.

« Je crois que, au début, on éprouve de la curiosité. Et puis, peut-être... D'habitude, quand je fais la connaissance de quelqu'un, ce quelqu'un ne m'est pas étranger. J'ai toujours l'impression qu'il s'agit d'un autre être humain. Rien de particulier. Moi aussi, c'est pareil. »

Après avoir passé ses doigts sur ses joues, il a poursuivi : « Sous cette peau, c'est la même nature, ce sont les mêmes désirs, les mêmes émotions. D'habitude, j'essaie de procurer à autrui un sentiment de bonheur. En fin de compte, beaucoup de gens tiennent des propos positifs sur moi. Et puis d'autres viennent, attirés par ma réputation. Ça se peut aussi. »

Il parle un anglais qui ne ressemble à aucun autre[1]. Quand j'ai commencé à travailler sur ce livre avec lui, j'avais peine à le comprendre. Parfois, son discours un peu nébuleux me laissait sur ma faim. J'ai fini par m'habituer à cette façon de s'exprimer. Aujourd'hui, le charme et le caractère direct de ses propos me transportent.

« Quand les gens vous approchent, ai-je dit, sans même vous entendre, à simplement vous regarder, ils sont émus. Pourquoi ?

— J'ai remarqué qu'un chanteur ou un acteur, quand ils apparaissent, certaines personnes pleurent ou sautent en l'air. C'est pareil. » Il a sauté sur son siège en agitant les bras.

« Vous êtes comme une rock star.

— Oui, a-t-il confirmé comme si c'était une évidence. Mais il peut y avoir d'autres facteurs. Nous croyons en d'autres vies passées. Peut-être un lien karmique, quelque chose de plus mystérieux... » Le regard fixé sur les lointains, il fronçait les sourcils. J'avais l'impression qu'il s'efforçait de clarifier cette explication subtile de son charisme.

Il a ôté son étole, puis l'a de nouveau drapée sur son torse.

---

1. Pour plus de lisibilité, ses maladresses ont été atténuées à la traduction *(NdT)*.

Enfin, il a dit : « Venons-en à ce niveau mystérieux. Par exemple, certaines personnes font des rêves étranges, qui leur ouvrent un nouvel avenir, une nouvelle vie, de nouvelles relations. »

Il a pointé le doigt vers moi en suivant le fil de sa pensée. « C'est votre cas. D'une certaine façon, par hasard, quelque chose vous a amené ici. Cet enlèvement en Afghanistan... S'il n'avait pas eu lieu, vous ne seriez peut-être pas là. Dans ce cas, vous n'auriez pas noué ces relations avec moi et les Tibétains. Tout ça, j'en suis certain, relève de causes et de conditions. Du point de vue bouddhique, des liens karmiques sont peut-être issus de nombreuses vies antérieures. C'est sans doute pourquoi beaucoup de gens se sentent proches de moi aujourd'hui. »

Oui, « cet enlèvement en Afghanistan ». En 1971, à la fin de mes études, j'avais acheté un camping-car Volkswagen à Utrecht afin de me rendre de Hollande en Inde par la route. Après avoir traversé la Turquie et l'Iran, je me suis arrêté six mois en Afghanistan. À l'époque, ce pays était le paradis des laissés-pour-compte et des aspirants à l'aventure.

Peu avant la fin de ce séjour, trois Afghans m'ont enlevé à Kaboul avec deux jeunes femmes – Cheryl, de New York, et Rita, de Munich. Sous la menace d'un fusil, nous avons dû monter dans une voiture rouillée qui nous a transportés dans un petit hameau situé sur les hauteurs de l'Hindu-Kush. Après plusieurs jours de captivité, nous avons réussi à nous enfuir lorsque la voiture de nos ravisseurs a dérapé dans un virage en épingle à cheveu et s'est écrasée sur le flanc de la montagne.

Un peu plus tard, Cheryl et moi avons décidé de nous rendre ensemble en Inde. Elle était munie d'une lettre d'introduction auprès du dalaï-lama, qui vit en exil à Dharamsala. Nous sommes allés tout droit au pittoresque refuge des Tibétains. Quelques jours après notre arrivée, nous avons obtenu une audience. Par un matin gris et frais de mars 1972, j'ai rencontré le chef spirituel et temporel des Tibétains.

Le destin. Le karma. Peu importe le nom. Oui, le dalaï-lama avait raison. Si je n'avais pas été enlevé, je ne l'aurais certainement pas connu. Quant à écrire un livre avec lui et à l'interroger sur son charisme, n'en parlons pas !

Réfléchissant toujours à ma question sur sa personnalité hors du commun, il a continué : « Aussi, beaucoup de gens aiment mon rire. Mais quelle sorte de rire, quelle sorte de sourire est-ce, je ne sais pas.

— Ce rire, ce sens du jeu qui est le vôtre, ont suscité de nombreux commentaires. Vous avez fêté vos soixante-dix ans, mais vous aimez toujours plaisanter et vous ne vous prenez pas au sérieux.

— Déjà, les Tibétains en général sont un peuple jovial. Malgré leurs nombreuses difficultés, ils sont prêts à rire. Et puis il y a ma famille. Tous nos frères, sauf Gyalo Teundroup [son deuxième frère aîné], aiment bien ça. Notre frère aîné, [Thoubten Djigmé] Norbou, s'amuse toujours, plaisante toujours. Mon frère aîné le plus proche, le défunt Lob-sang Samten, faisait des plaisanteries très salaces, très drôles. Et moi. Ensuite, le petit frère, Tenzin Tcheugyal ; la petite sœur, Djétsun Péma ; la défunte grande sœur ; aucun n'était sérieux. Notre mère non plus. Notre père non plus – caractère vif, mais cœur léger.

« Dans mon cas, mon état mental est comparativement plus paisible. Malgré une situation difficile ou parfois même des nouvelles très tragiques, mon esprit n'est pas trop perturbé. Pendant un court instant, je ressens de la tristesse, mais elle ne dure jamais longtemps. Quelques minutes ou quelques heures plus tard, elle a disparu. D'habitude, je compare ça à l'océan. En surface, les vagues vont et viennent, mais en profondeur tout est calme. »

Ceux qui entrent en contact avec le dalaï-lama ont le sentiment qu'il est « vrai de vrai », comme Monseigneur Tutu me l'a dit un jour. Et sans savoir exactement pourquoi, ils sont touchés, attirés par son extraordinaire humanité, même à distance.

Je suis presque sûr qu'il existe un rapport entre sa forte présence et sa profonde spiritualité. Sa légendaire chaleur n'est qu'une manifestation de sa réalisation spirituelle.

Je le connais depuis plus de trois décennies. Il m'appelle son « vieil ami ». Ces dernières années, lorsque nous avons coécrit ce livre, j'ai pu l'approcher comme jamais auparavant. Je l'ai observé en détail, j'ai fait partie de ceux qui l'accompagnent dans ses déplacements et j'ai passé du temps avec lui dans sa résidence. Pourtant, j'ai peine à qualifier, et plus encore à définir, son remarquable magnétisme. Pour essayer de comprendre son essence, il nous faut considérer son entraînement bouddhique de cinquante ans et la curieuse relation qu'il entretient avec le monde autour de lui.

Quelques idées fondamentales, mais difficiles à appréhender, influent sur une grande partie de son attitude face à la vie. À plusieurs reprises, il m'a parlé de l'interdépendance et de la vacuité, deux notions auxquelles il attache une extrême importance. Je l'ai écouté attentivement en prenant des notes. Je dois reconnaître que j'ai eu du mal à saisir ces concepts. Mais à force de le suivre comme son ombre, des heures entières, j'ai réussi à identifier certaines des qualités qui le caractérisent. Les principes de la compassion et de la non-violence donnent corps à sa vision globale. Quant à son incessante recherche du pardon comme solution aux conflits, elle conditionne toute son action.

Une chose est sûre : je me sens bien en sa présence. Je sais que chacun est dans ce cas. Peut-être sentons-nous qu'il fait ce qu'il dit. Nous percevons en lui un centre d'une pureté inhabituelle qui, comme un miroir réfléchit la lumière, nous permet de voir notre propre humanité et de nous y connecter.

À Vancouver, au Canada, où ils s'exprimaient devant quatorze mille personnes, Desmond Tutu, son grand ami depuis plusieurs années, a dit de lui :

« Lors d'un séjour à San Francisco, il y a quelques années, une femme s'est précipitée pour me saluer. Elle m'a lancé avec chaleur : “Bonjour, monseigneur Mandela ! » Deux pour le prix d'un, en quelque sorte...

« Je suis absolument certain que personne ne risque de commettre cette erreur face à Sa Sainteté le dalaï-lama.

« N'est-il pas extraordinaire, dans une culture à genoux devant la réussite, que les gagnants agressifs, les caustiques, les machos n'emportent pas notre adhésion ? Nous pouvons leur envier leurs comptes en banque, mais nous ne les admirons pas.

« Qui admirons-nous ? Beaucoup de termes peuvent s'appliquer à une Mère Teresa, mais “macho” n'en fait pas partie. Nous la vénérons tous pour s'être donnée sans compter aux déshérités. Nous l'admirons parce qu'elle est bonne. Nous admirons des gens comme Nelson Mandela, qui sont pour nous des symboles de magnanimité, de pardon, de réconciliation.

« Et nous vénérons le dalaï-lama. Il est presque la

seule, l'une des rarissimes personnes qui puissent remplir Central Park, à New York, d'inconditionnels.

« Mais pourquoi ? Parce qu'il est bon. J'ai rencontré très peu d'êtres aussi saints que Sa Sainteté. J'en ai rencontré très très peu qui aient sa sérénité, son océan de sérénité.

« Et son sens du jeu... Il a le rire facile ; on dirait un écolier facétieux. Le jeu, un débordement de joie...

« C'est curieux, pour quelqu'un qui vit en exil depuis quarante-cinq ans. Il devrait, à juste titre, être empli de ressentiment, de colère, d'amertume. Et la dernière chose qu'il devrait vouloir faire, c'est étendre la compassion et l'amour à ceux qui les ont traités, lui et son peuple, de façon si abominable. Mais non.

« Ne sommes-nous pas fiers d'être humains ? Le dalaï-lama nous rend heureux de connaître cette condition. D'être vivants à une époque où quelqu'un comme lui existe. »

1

La barbichette de Fu Manchu

La sonnerie a retenti à 4 heures précises. Je l'ai coupée avec soulagement. La veille, j'avais acheté ce réveil de voyage au bazar et je m'inquiétais de savoir s'il fonctionnerait. L'horlogerie indienne m'avait déjà valu quelques expériences frustrantes.

Je me suis habillé à la va-vite, j'ai attrapé mon matériel de photo et je suis sorti de mon hôtel pour routards. Je voyais la silhouette sombre du Dhauladhar, l'un des contreforts de l'Himalaya, se dresser au-dessus de Dharamsala. Le calme régnait sur la petite station d'altitude. Encore deux ou trois heures et la bourgade commencerait à s'agiter. Pour lors, il n'y avait pas âme qui vive. Après avoir longé d'un bon pas la gare routière déserte, je me suis mis à courir sur la route sinueuse qui mène à la résidence du dalaï-lama.

Tenzin Taklha, son secrétaire particulier adjoint, m'attendait à la porte du palais. Vêtu d'une chemisette et d'un pantalon gris, il avait l'air reposé et détendu en dépit de l'heure matinale. Agité, mal à l'aise, je sentais ma chemise humide coller à mon dos malgré la fraîcheur.

« Désolé de vous avoir fait lever aux aurores, me suis-je excusé.

— Pas de problème. J'ai peu souvent l'occasion de voir Sa Sainteté quand elle médite de bon matin. C'est pour moi un rare privilège », m'a répondu ce bel homme d'une trentaine d'années en esquissant un sourire.

Un an auparavant, en 1999, j'avais commencé à interviewer le dirigeant tibétain dans le cadre de notre projet de coécriture. Mais ce jour-là, c'était la première fois que j'avais le droit de le voir si tôt.

Même à cette heure, plusieurs soldats indiens et deux ou trois gardes de la sécurité tibétaine faisaient les cent pas devant l'entrée. Tenzin m'a ouvert les lourdes portes métalliques. Je m'étonnais. Je n'étais plus un inconnu – je m'étais entretenu à cinq ou six reprises avec le dalaï-lama au cours de l'année passée –, mais je devais encore me soumettre aux détecteurs de métaux, puis au vigile tibétain chargé de la fouille corporelle. Aucun visiteur, sans exception, ne peut échapper à cette règle.

Ce matin-là, j'ai pourtant franchi une ligne invisible. Au moins pour cette fois, j'étais l'un des rares non-Tibétains à qui le dalaï-lama accordait sa confiance. J'allais être admis dans ses appartements sans faire l'objet d'une recherche d'armes.

J'ai repensé à ce jour de mars 1972 où j'avais déjà passé ces portes. À l'époque, une seule sentinelle indienne contrôlait les entrées. Je chérirai toujours le souvenir de cette première rencontre avec le dalaï-lama. J'avais vingt-sept ans. Plus de trente ans s'étaient écoulés.

Pour l'occasion, j'avais fait un effort vestimentaire : je portais un pantalon ajusté en velours noir, si élimé au niveau du postérieur qu'on voyait au travers. Les manchettes de la chemise en coton noire, souple et légère, que j'avais achetée à Kaboul, s'ornaient d'étroites bandes brodées à la main. Mais la cape noire à capuchon que j'avais rapportée de Marrakech constituait la *pièce de résistance*[1] de ma tenue. Je l'aimais beaucoup. Je m'en drapais toujours, façon Zorro, sauf en cas de grosse chaleur.

Cet ensemble noir allait bien avec ma barbichette de Fu Manchu, me disais-je. Depuis deux ou trois ans, tout en parcourant l'Europe et l'Asie, j'entretenais patiemment cette parure. Elle commençait toutefois à m'agacer. Clairsemée, maigrichonne, elle ne correspondait guère à la pilosité foisonnante dont j'avais rêvé. De plus, elle avait tendance à s'incurver vers ma pomme d'Adam. Malgré mes soins quotidiens – je tirais souvent dessus pour l'inciter à respecter les lois de la gravité –, elle ne manifestait qu'un seul désir : se cacher.

Mes cheveux brillants me descendaient presque aux épaules. Je leur donnais un bon coup de brosse et les nouais en queue-de-cheval. Vêtu de mes plus beaux atours, la quasi-nudité de mon postérieur dissimulée sous ma cape, j'étais prêt à être reçu par le prétendu roi-dieu du Tibet.

J'ignorais presque tout du dalaï-lama et de son pays. J'avais passé les vingt premières années de ma vie à Hong Kong. Or, dans les programmes scolaires de la colonie britannique, le Tibet brillait par son absence. L'attention de mes camarades chinois se concentrait sur l'Occident, son monde des affaires, ses facultés de médecine et ses glorieuses avancées technologiques. Quant à la bande de terre gelée connue sous le nom de Toit du Monde, elle n'enfiévrait absolument pas leur esprit.

---

1. En français dans le texte *(NdT)*.

J'étais comme eux, hormis sur un point : au lycée, je dévorais les livres de Jin Yong, le plus grand conteur que j'aie jamais connu jusque-là. Son esprit fébrile a façonné le Tibet de mon imaginaire. Dans ses romans de kung-fu, j'ai appris que de mystérieux lamas se dotaient de pouvoirs surnaturels après avoir médité plusieurs années durant dans des ermitages de montagne. L'image romanesque du moine tibétain auteur de prouesses spirituelles et physiques s'était imprimée dans ma conscience.

C'est Cheryl Crosby, une bouddhiste new-yorkaise, qui m'a permis de connaître le dalaï-lama. L'une de ses amies, Dordjé Youthog, la matriarche d'une famille aristocratique de Lhassa, lui avait écrit une lettre d'introduction auprès du dirigeant tibétain. Cheryl n'était mon aînée que de quelques années, mais il existait une grande différence de maturité entre nous. Elle avait confiance en elle et se faisait facilement des amis. Même pendant notre enlèvement à Kaboul, elle avait eu la présence d'esprit d'entretenir un semblant de dialogue avec nos ravisseurs. Après notre fuite, nous avions voyagé ensemble jusqu'à Dharamsala.

C'est là que j'ai découvert mes premiers Tibétains. Je voyais ces hommes et ces femmes marcher dans les ruelles, le moulin à prières à la main. Bon nombre d'entre eux portaient encore le costume traditionnel et des bottes de feutre multicolore qui leur montaient aux genoux. Je dévorais du regard leurs traits bienveillants et ouverts. Ils dégageaient une authentique chaleur. Ils avaient le sourire facile et fréquent. Presque chaque rencontre se déroulait dans la joie et la bonne humeur. Cela sautait aux yeux. Dharamsala, également surnommée « la petite Lhassa », était la ville la plus douce que j'aie jamais connue.

L'après-midi où nous devions être reçus, un assistant d'âge moyen nous a fait franchir, à Cheryl et moi, les portes du palais. Dans les jardins, un soldat indien appuyé sur son fusil fumait un bidi. Lorsque nous avons emprunté la courte allée qui mène à la salle d'audiences, il nous a à peine regardés. En ce temps-là, les mesures de sécurité prises autour du dalaï-lama étaient très réduites.

Vaste et lumineuse, la salle d'audiences était peinte en jaune d'or. Des thangkas étaient accrochés aux murs. Nous nous sommes assis dans des fauteuils indiens simples mais confortables et nous avons attendu. J'étais survolté à l'idée de faire la connaissance d'un être que d'aucuns considéraient comme un roi et un dieu. Cette exaltation se teintait cependant d'une certaine appréhension. Si j'ignorais beaucoup de choses du Tibet, je savais pourtant que les Chinois avaient envahi le pays du dalaï-lama dans les années 1950, qu'ils avaient tué un grand nombre de ses sujets et qu'ils l'avaient contraint à se réfugier en Inde. De l'avis unanime, les occupants avaient fait subir aux Tibétains d'horribles traitements. Moi qui appartenais à la race de l'Empereur jaune, j'allais me trouver face à face avec le chef suprême des Tibétains. Le dalaï-lama n'avait sans doute pas rencontré beaucoup de Chinois depuis le début de son exil, en 1959. Je craignais de sa part une certaine hostilité.

Tandis que j'envisageais tous les scénarios possibles, deux jeunes moines en robe bordeaux sont entrés. J'ai aussitôt reconnu le dalaï-lama. Il avait trente-sept ans, mais ses lunettes et son visage lisse lui donnaient un air particulièrement juvénile. Contrairement à bon nombre de ses compatriotes, il était pâle de peau et avait des traits délicats. Son attitude douce, dénuée de prétention, a été pour moi une autre révélation. Il était mince, presque osseux, comme le moine, bien plus petit que lui, qui se tenait à ses côtés. Plus tard, j'ai appris que celui-ci s'appelait Tenzin Guéshé Trétong. Issu d'une famille très connue à Lhassa, il était l'interprète et le secrétaire particulier du dalaï-lama.

Au moment de s'asseoir, le dalaï-lama nous a lancé un regard. C'était la première fois qu'il posait les yeux sur moi. Il a observé ma barbichette et s'est mis à rire. Non de ce profond grondement de baryton qui m'est devenu si familier par la suite, mais d'un gloussement aigu qui s'est prolongé un moment. Plié par l'effort, il avait peine à se contrôler. Cheryl, pour sa part, avait commencé sa série de prosternations ventrales. Surprise par les rires, elle était toutefois décidée à aller jusqu'au bout.

J'étais là, emprunté, par cet après-midi de mars. Je ne savais que faire. Je ne savais comment me prosterner. Et puis je n'avais aucune envie de m'aplatir devant un jeune homme occupé à se faire éclater la panse à mes dépens.

Il a fini par se reprendre. Lorsque Cheryl lui a offert l'écharpe blanche appelée *khata*, il lui a adressé un sourire timide. J'ai déplié la mienne et me suis approché. Il m'a de nouveau regardé à la dérobée et s'est remis à glousser. Le visage du très digne Tenzin Guéshé lui-même se fendait d'un large sourire.

La demi-heure qui a suivi est restée vague dans ma mémoire. Je ne me souviens plus de la façon dont la conversation s'est enclenchée. Il me semble que Cheryl lui a parlé d'elle, de son adhésion au bouddhisme tibétain et de l'amitié qu'elle avait nouée avec Mme Dordjé Youthog à New York. Elle souhaitait éclaircir quelques points, notamment sur sa pratique. Il y a bien longtemps que j'ai tout oublié, à la fois des questions de Cheryl et des réponses du dalaï-lama.

Tenzin Guéshé traduisait avec application. À cette époque, l'anglais du dalaï-lama se situait un cran au-dessous du petit-nègre parlé par de nombreux Indiens. Sans interprète, le jeune homme aurait été perdu. De temps à autre, il lui arrivait pourtant de glisser quelques expressions élémentaires.

C'est alors qu'il s'est tourné vers moi. Je m'étais torturé les neurones pour trouver une question intelligente, mais je ne savais presque rien du Tibet, et moins encore du bouddhisme tibétain. Je lui ai donc posé celle qui m'obsédait depuis mon entrée dans la salle d'audiences.

Je lui ai demandé s'il détestait les Chinois.

Au cours de son échange avec Cheryl, il avait semblé détendu. Désormais, il se raidissait sur son siège. Sa réponse a été aussi immédiate que succincte. Il s'exprimait en anglais.

« Non. »

Ses yeux étaient plongés dans les miens. Son visage était solennel. Il n'y subsistait plus aucune trace de gaieté. J'ai baissé le regard vers le tapis.

Après un silence interminable, il s'est adressé avec calme et lenteur, en tibétain, à Tenzin Guéshé.

Le secrétaire particulier a traduit : « Sa Sainteté n'éprouve aucun sentiment négatif à l'encontre des Chinois. Nous, les Tibétains, nous avons beaucoup souffert de l'invasion chinoise. En ce moment même, les Chinois démantèlent systématiquement, pierre par pierre, les grands monastères du Tibet. Presque toutes les familles tibétaines de Dharamsala ont une triste histoire à raconter ; la plupart d'entre elles ont perdu au moins un de leurs membres en raison des atrocités commises par les Chinois. Sa Sainteté a déclaré qu'elle était en désaccord avec le parti communiste chinois, et non avec les Chinois. Elle les considère toujours comme ses frères et sœurs. Elle ne les hait pas. En fait, elle leur accorde son pardon sans réserve. »

Trois décennies plus tard, je suis stupéfait de me souvenir aussi bien de ces bribes de conversation. Peut-être parce que la réponse était si inattendue, si contraire à l'image que Jin Yong avait élaborée dans ses récits. Chaque histoire de cet auteur prend la vengeance pour thème récurrent. L'honneur de l'homme se définit par ce credo simple et héroïque : œil pour œil – un peu comme dans le code des samouraïs du Japon féodal. Je m'émerveillais en pensant que le dalaï-lama avait pardonné aux Chinois tout ce qu'ils avaient fait subir à son peuple.

Bouleversée par cette audience, Cheryl pleurait en silence. Alors que nous nous préparions à prendre congé, le dalaï-lama s'est avancé vers elle et l'a consolée. Puis il m'a serré la main d'un air grave.

Je suis sorti assez peu ému. Je m'étais attendu à un roi et j'avais trouvé l'être le moins royal que j'aie jamais rencontré. Certes sympathique, il était trop simple et un rien trop humble à mon goût. Il n'irradiait guère la sainteté. Et surtout, il gloussait trop.

Plus tard, alors que je poursuivais mon périple vers la Birmanie, Hong Kong et les États-Unis, j'en suis venu à considérer mon bref séjour à Dharamsala comme le temps fort de mes voyages autour du monde. Les Tibétains qui y vivaient avaient laissé une empreinte indélébile en moi.

Pendant plus de dix ans, à dater de cette audience de 1972, ce peuple a occupé une place importante dans mon esprit. Il a éveillé mes instincts nomades. De 1984 à 1988, prenant Katmandou comme point de chute, j'ai sillonné les grands espaces du Tibet afin de consacrer un guide à ses lieux de pèlerinage.

Les paysages du haut plateau se révélaient renversants. Au cours de mes années d'errance, je n'avais rien vu de tel. Les Tibétains étaient comme ceux que j'avais vus à Dharamsala : doux, généreux et sujets à de brusques accès de gaieté. Mes origines chinoises ne les empêchaient pas de se montrer secourables envers moi.

Quant au visage souriant du dalaï-lama, il n'était jamais bien loin. Sa photo trônait sur les autels de toutes les maisons et de tous les monastères que je visitais. Les larmes aux yeux, chaque Tibétain que je rencontrais me demandait de ses nouvelles. Tout à coup, ce personnage et ce qu'il symbolisait ont pris plus de relief dans mon esprit. J'ai été frappé par le fait que lui et les siens pratiquaient une religion d'une extrême simplicité : ils faisaient preuve de bonté les uns envers les autres.

Pendant que les portes métalliques de la résidence du dalaï-lama se refermaient sur nous, Tenzin Taklha et moi montions la large allée de béton qui aboutit à la salle d'audiences où tous mes entretiens avec le dirigeant tibétain avaient eu lieu. Nous avons dépassé le complexe, une petite salle de prières et un espace densément boisé derrière lequel s'étendent les jardins. Un joli bâtiment à un étage y est construit. C'est là que le dalaï-lama dort et médite. Je ne m'étais jamais avancé aussi loin.

Devant l'entrée, un soldat indien patrouillait, son arme automatique sur les bras. L'un de ses compatriotes, vêtu en civil, les pans de sa chemise blanche sortant de son pantalon, braquait sur nous un regard impassible. Trois ou quatre gardes du corps tibétains faisaient les cent pas en silence. Pendant que nous attendions devant la maison, je me sentais déplacé, tel un intrus dans le saint des saints.

Comme en réponse à un signal, le dirigeant tibétain est sorti du bâtiment. Il m'a regardé, m'a souri et m'a lancé un « *ni hao ?* » de sa voix tonitruante. Il aime employer cette formule de bienvenue chinoise avec moi. Après m'avoir serré la main avec vigueur, il a emprunté l'allée qui traverse les jardins. D'un pas vif, il a parcouru une cinquantaine de mètres sur la pente douce, puis s'est retourné. Il gloussait tout en revenant vers moi. C'était voulu. Quelques mois plus tôt, nous avions parlé de l'importance de l'exercice physique, pour lequel il m'avait avoué son aversion. Il se disait très paresseux sur ce plan, mais il m'avait promis de faire passer son quota de prosternations ventrales de trente à cent par jour. Il tenait à me montrer combien il prenait au sérieux cet exercice matinal.

Il nous a fait signe, à Tenzin et moi, de le suivre. Nous avons gravi un escalier extérieur en béton qui desservait l'étage – une vaste pièce ouverte, où étaient disséminés quelques canapés et fauteuils confortables. Des tapis d'Orient couvraient des pans entiers du parquet. Tout le mur de droite était occupé par des baies vitrées. Je voyais la pente abrupte de la vallée de Kangra. Sous les premiers rayons du soleil, les sommets prenaient des teintes pastel.

C'est alors qu'il nous a fait entrer dans sa salle de méditation.

2

Deux moines accoudés au parapet

La salle de méditation du dalaï-lama baignait dans la douce lumière de l'aube. Des cabinets en bois d'un travail délicat s'alignaient le long des murs ; ils contenaient de nombreuses statues de bronze et des myriades d'objets de culte. Des livres tibétains enveloppés dans un tissu jaune et dans de riches brocarts s'empilaient sur des étagères faites sur mesure. Au centre de la pièce trônait un autel richement orné. Une statue – haute d'une cinquantaine de centimètres, abritée dans un temple miniature en bois et en verre – occupait la place d'honneur. Élégante sans ostentation, la pièce resplendissait de sérénité.

Tenzin Taklha s'est écarté pour que je m'installe près de l'entrée sur un petit tapis tibétain carré. J'ai vissé mon caméscope à un trépied. Sans un mot, le dalaï-lama est allé prendre place derrière un bureau d'acajou tout simple. Il s'est débarrassé de ses tongs en plastique et s'est assis en position du lotus, le dos au mur lambrissé. Après avoir arrangé les plis de sa robe, il a fermé les yeux, puis a commencé à méditer. Quand j'ai mis l'appareil en marche, le léger bourdonnement du moteur m'a indiqué que l'image du moine tibétain était fixée sur la cassette numérique.

Le dalaï-lama avait déjà évoqué devant moi son emploi du temps du matin : « Dès mon réveil, ces jours-ci à 3 h 30 précises, je récite des mantras ou des prières. Mes premières pensées vont au Bouddha, à son message de compassion et d'interdépendance. Je fais toujours ça – le reste de la journée est guidé par deux éléments : l'altruisme et l'interdépendance. Puis j'effectue des prosternations. Je pense en même temps aux prosternations et à l'exercice, pendant environ une demi-heure. Après, je prends un bain ou une douche. Puis, vers 5 heures, ou parfois 4 h 40, je prends mon petit déjeuner. Mon frère cadet me taquine toujours : la véritable raison de ce lever matinal, c'est le petit déjeuner. D'ordinaire, en ma qualité de moine bouddhiste, je ne mange rien le soir. »

Pendant qu'il se plongeait dans sa méditation, mes yeux se sont accommodés à la faible clarté. Juste en face de moi, une peinture murale s'encadrait dans un cabinet de verre et de bois. Elle représentait un bouddha simplement vêtu de robes ocre ; l'arrière-plan se composait de montagnes couvertes d'une végétation luxuriante et de ruisseaux sinueux. Conformément aux critères traditionnels, la tête du bouddha arborait de longues oreilles et le chignon qui symbolise l'Éveil. À la fois souriante et détendue, l'expression du visage était indéterminée. On voyait la joie naître sur tous les traits : les joues légèrement rebondies, le petit menton et le coin des yeux.

Très vite, le dalaï-lama a accédé à une phase plus profonde. Hors lui, plus rien n'existait : ni la pièce, ni Tenzin et moi, qui étions assis à quelques dizaines de centimètres de sa personne. Son style de méditation diffère de celui, par exemple, d'un maître zen. Comme beaucoup de lamas tibétains, il ne se tient pas immobile comme un roc. Il effectue de légers mouvements.

Il oscille d'un côté et de l'autre, s'arrête, reste un instant parfaitement statique, puis récite à voix basse un court mantra tout en portant la main à sa nuque pour calmer la démangeaison d'une plaque d'eczéma. Si je ne l'avais pas déjà vu méditer, j'aurais juré qu'il simulait.

Tout à coup, ses yeux se sont révulsés et ses paupières mi-closes ont été agitées de frémissements incontrôlés. Le caractère intime de ce mouvement était déconcertant.

Le désordre régnait sur son bureau. Des pages noircies de sa main côtoyaient des piles d'ouvrages non reliés appartenant au canon bouddhique, un vase en verre blanc qui contenait des fleurs coupées, une lampe à géométrie variable et un petit bouddha en bronze. Un couteau suisse doté de tous les équipements possibles et imaginables voisinait avec une horloge surmontée d'une figurine. À gauche du dalaï-lama, un agenda rouge était posé sur un cabinet en bois haut d'une cinquantaine de centimètres. Un autre meuble, de même hauteur, formait le mur droit de la petite alcôve. Des livres, d'autres écrits tibétains, trois pots remplis de stylos et de surligneurs, ainsi qu'un flacon de complément protéinique s'y entassaient. Un vase gris ardoise s'ornait d'un énorme bouquet de fleurs en soie jaunes et rouges – principalement des lys et des roses – qui surplombaient ce bric-à-brac. Elles avaient l'air étonnamment vraies – on voyait même des gouttelettes de rosée sur leurs pétales. Une télécommande de téléviseur se trouvait à portée de main.

Lieu de contemplation et de travail, cette salle de méditation est le sanctuaire privé du dalaï-lama, l'unique endroit où il puisse être vraiment seul – il s'entretient avec les officiels et accueille les visiteurs dans le complexe aménagé près de l'entrée de la résidence. C'est ici qu'il canalise ses ressources intérieures – par la méditation et la relecture des textes des anciens maîtres tibétains – pour se doter de la sagesse qui lui permettra de traverser, avec son peuple, des temps difficiles.

Lorsqu'il avait ôté ses lunettes, avant de méditer, j'avais pris conscience de son âge. J'avais vu les profondes poches situées sous ses yeux et les plis verticaux qui reliaient ses pommettes à son menton. Il avait environ soixante-cinq ans.

J'aime observer son visage si différent du mien. Chacune de ses rides témoigne d'un combat, d'une souffrance ou d'une joie. Bien que je sois son cadet de dix ans seulement, j'ai des traits plutôt lisses et assez peu marqués, qui ont souvent suscité en moi une exaspération tranquille. Ce n'est pas qu'ils soient laids ou déplaisants. Ils sont communs. De plus, ils semblent toujours au repos. Mon visage n'est pas de ceux qu'on qualifierait d'animés.

J'ai grandi au sein d'une famille chinoise traditionnelle, où l'on n'encourageait pas l'expression des émotions. Je manifestais parfois une joie intense – comme au nouvel an, quand mon neuvième oncle m'offrait des *laisi*, une enveloppe rouge qui renfermait une liasse de dollars. Dans ces moments-là, un large sourire était plaqué sur ma frimousse. J'étais aussi capable de piquer une forte colère – comme le jour où ma petite sœur avait jeté mon roman de kung-fu préféré par la fenêtre. Mais, la plupart du temps, j'affichais un visage neutre. Particulièrement réservé, je me contrôlais en permanence. C'est sans doute pourquoi j'excellais au poker quand j'étais étudiant.

Pendant la majeure partie de mon existence, le fait de garder un visage neutre m'a plutôt bien servi. Mais, depuis quelques années, j'ai compris quel prix j'ai dû payer pour y parvenir. Avec le temps, ma capacité à ressentir des émotions s'est émoussée. Je m'en suis aperçu à la mort de ma mère. Lors de ses funérailles, j'ai découvert que je devais consciemment faire appel à mes sentiments de tristesse. J'étais devenu le type même de l'Asiatique impénétrable.

Le dalaï-lama, lui, porte son âme sur son visage. De nombreuses personnes l'ont constaté. Parmi elles, figure Paul Ekman, professeur de psychologie et expert mondial en matière d'expressions faciales.

Ekman sait tout du visage humain, qu'il étudie jusque dans ses moindres détails depuis quarante ans. Il a dressé la liste des muscles faciaux, il en a observé toutes les contractions, il a répertorié sept mille expressions et a corrélé les plus signifiantes d'entre elles aux émotions qu'elles traduisent. Ce faisant, il est devenu un véritable détecteur de mensonges vivant. Suite à l'attentat du World Trade Center, le 11 septembre 2001, une cellule antiterroriste montée conjointement par la CIA et le FBI l'a engagé comme consultant. Pour que les agents repèrent les menteurs parmi les suspects interrogés, ils devaient déceler des expressions très subtiles – par exemple, un léger mouvement d'un muscle du sourcil, le frontalis pars medalis, qui indique la tristesse.

Il a fait connaissance du dalaï-lama en mars 2000, à Dharamsala, lors de la huitième Conférence sur l'Esprit et la Vie, qui réunit des bouddhistes et des savants occidentaux. Cette année-là, la réflexion portait sur « les émotions destructrices ». Cinq jours durant, le psychologue a eu de multiples occasions d'observer le dirigeant tibétain. Il n'avait jamais, de toute sa vie d'études, rencontré pareil visage, a-t-il déclaré avec émerveillement. Aussi vifs que souples, les muscles faciaux du dalaï-lama semblaient être ceux d'un homme entre vingt et trente ans.

Pourquoi cet extraordinaire décalage ? Ekman croyait avoir trouvé la réponse : le dalaï-lama utilise ses muscles faciaux avec plus de vigueur que n'importe qui. En outre, il s'exprime avec précision et transmet peu de messages ambivalents. Quand il est heureux, il l'est à cent pour cent. Aucun autre sentiment ne s'immisce dans son bonheur pour en modifier les effets.

Ekman était impressionné pour une autre raison. Le visage du dalaï-lama était le plus franc qu'il ait jamais observé, hormis, peut-être, celui de certains jeunes enfants. Comme ceux-ci, le dirigeant tibétain ne ressentait aucune gêne à manifester ses émotions. Il n'avait pas honte de ses sentiments, face auxquels il ne voyait aucune raison d'éprouver embarras ou malaise. Pendant la conférence, un observateur californien lui a appris qu'un garçon de Dharamsala avait succombé à la morsure d'un chien enragé. Dans l'assistance, chacun a pu constater qu'un profond chagrin se peignait sur les traits du dirigeant tibétain. Ekman a vécu là une révélation. Il était certain que le dalaï-lama ressentait cette perte comme celle d'un fils. Et pourtant, cette expression ne s'est pas éternisée. Quelques secondes plus tard, la moindre trace de souffrance avait disparu. Inversement, le dirigeant tibétain riait sans retenue dès que l'occasion se présentait. Peu après, il faisait preuve d'une extrême concentration. Il ne s'attachait pas outre mesure aux choses – y compris à ses émotions.

Pendant que j'observais le méditant, je me suis efforcé d'adopter une position qui se voulait être celle du lotus. Cinq minutes plus tard, la douleur était intolérable. Je me suis mis à genoux et j'ai commencé à jouer avec mon caméscope. J'ai filmé, le long d'un mur, les anciens thangkas et les ravissantes statues, avant de revenir sur le dalaï-lama. Il m'était impossible de garder la même immobilité que lui. La profonde sérénité de la pièce ne pouvait rien pour moi. Malgré les puissantes ondes de félicité méditative qui émanaient sans doute de sa personne, je ne pensais qu'à l'inflammation du tendon qui raccorde ma cuisse à ma hanche droite.

C'est alors que mon œil a été attiré par une photographie entourée d'un cadre vert sombre. Placée de l'autre côté de la pièce, elle était à moitié cachée par de petits bronzes et un vase de fleurs fraîchement coupées. C'était manifestement la seule photographie du décor, qui se composait de dizaines de thangkas, *d'objets d'art*[1] et de livres anciens.

Elle était de moi. Je l'avais offerte au dalaï-lama lors d'une interview qu'il m'avait accordée quelques mois auparavant. Je l'avais prise au Tibet en 1985. Elle représente deux moines en robe bordeaux, accoudés au parapet du toit d'un monastère, tout occupés à regarder ce qui se passe au-dessous d'eux. Prise de derrière, elle ne révèle que leur dos. Ils se penchent au point de risquer la chute d'un moment à l'autre. En arrière-plan se dresse une chaîne de collines basses.

C'est une bonne photo : le bordeaux riche, somptueux, des robes est si vif qu'on a l'impression de pouvoir toucher, voire humer, le tissu de laine. Dans le paysage lunaire, marron clair et tacheté du haut plateau tibétain, les reliefs arrondis sont finement saupoudrés d'une légère couche de neige fraîche aux

1. En français dans le texte *(NdT)*.

reflets bleus, qui fait ressortir les nodosités et les crevasses. Sur la droite se dresse un bouquet de grands arbres vert sombre : les très célèbres et très sacrés genévriers du monastère de Radeng.

Parmi les milliers de diapositives que j'ai prises au milieu des années 1980, à l'époque où je sillonnais le Tibet pour répertorier ses lieux saints, c'est ma préférée. Je ne sais pas pourquoi. Bien plus qu'elle, de nombreuses images pourraient faire vibrer la corde sensible d'un observateur lambda. Quelques-unes feraient de meilleures illustrations pour une double page du *National Geographic*. Mais, pendant presque vingt ans, c'est elle qui a trôné sur ma table de chevet. C'est sans doute l'insouciance avec laquelle les deux moines épousent le rebord du parapet... La spontanéité enfantine des Tibétains est si éloignée de mon mode de relation aux êtres et aux objets !

Quand je l'avais offerte au dalaï-lama, il n'avait pas eu l'air particulièrement impressionné. Il y avait jeté un regard avant de la tendre à Tenzin Taklha. Il reçoit de nombreux cadeaux qu'il demande toujours à ses assistants de conserver en lieu sûr. Il apprécie le geste, mais ne s'intéresse tout simplement pas aux choses, belles ou non.

Puis, comme après réflexion, il m'avait demandé : « Quel est cet endroit ?

— Le monastère de Radeng, Votre Sainteté, avais-je répondu.

— Radeng ! s'était-il écrié. J'y suis allé en 1956. » Il avait repris le cliché des mains de Tenzin, interloqué, pour l'étudier.

« Radeng. Je m'en souviens bien. Je m'en sens particulièrement proche, m'avait-il expliqué.

— Des nombreuses photos que j'ai faites au Tibet, c'est elle que j'ai toujours gardée auprès de moi.

— Eh bien, nous éprouvons tous deux un sentiment spécial à l'égard de Radeng. J'étais très ému de me trouver là-bas. Pour une raison inconnue, je me sentais très lié à cet endroit. Depuis, j'ai souvent pensé construire un ermitage à Radeng pour y passer le reste de mes jours. »

À l'époque, j'avais cru que la photographie serait rangée dans un grand reposoir à trésors de la résidence, coincée entre tous les merveilleux cadeaux qu'il avait reçus au fil des ans. Aussi étais-je stupéfait de la retrouver là.

Tenzin, qui m'avait vu regarder le cliché, m'a gratifié d'un large sourire. Il avait les mains croisées sur le ventre, le pouce en l'air.

Oui, j'étais touché et plus que fier de voir ma photographie dans la salle de méditation, si près du dalaï-lama. Je voulais croire qu'il la gardait là parce qu'il m'aimait bien. Mais l'explication la plus probable, c'est que le monastère de Radeng jouissait d'une place à part dans son cœur. Je le savais.

Dehors, le jour se levait et les oiseaux commençaient à gazouiller. La brume s'éclaircissait un peu dans la vallée de Kangra.

« C'est assez ? » m'a demandé le dalaï-lama. De toute évidence, sa méditation du matin était achevée.

« Oui, merci, Votre Sainteté », lui ai-je répondu. Que dire d'autre ? J'aimerais passer toute la journée avec vous ?

Il s'est levé. Tenzin et moi l'avons imité à grand-peine.

Il s'est dirigé vers la peinture murale et s'est mis à farfouiller parmi les lampes à beurre et les petits bronzes disposés sur le rebord du cabinet. Lançant un regard par-dessus son épaule, il m'a dit : « Venez ici. »

Il m'a tendu une petite reproduction de monastère indien, taillée dans une pierre grise, qui mesurait environ huit centimètres de haut. D'un travail méticuleux, elle se composait d'une base à un étage, sur laquelle se dressait une tour centrale à quatre étages. Aux quatre coins s'élevaient quatre tours plus petites. Sur chaque niveau, l'artisan avait soigneusement sculpté de minuscules fenêtres, des portes et d'autres détails. Pour un objet aussi petit, il était curieusement lourd.

« Le temple de Bodhgaya. Pour vous », m'a-t-il dit. Bodhgaya, où le Bouddha est parvenu à l'Éveil, est le plus grand lieu de pèlerinage des bouddhistes.

Puis il m'a remis un autre objet : une pierre semi-précieuse, grosse comme une bille, montée sur bronze. Elle présentait différentes teintes de brun et une bande blanche la traversait en son centre. J'ignorais son nom. Il ne s'est pas étendu sur la question.

Ces cadeaux m'ont surpris. Exception faite du *khata* – l'écharpe blanche qui, selon la tradition, sert d'offrande –, il ne m'avait jamais rien donné. Ces deux objets se trouvaient dans sa salle de méditation. J'en ai donc déduit qu'il leur attribuait une importance particulière.

Il a pris ma main dans la sienne et m'a conduit à la porte. Il s'est brusquement retourné vers une vitrine qui abritait des bronzes et de merveilleux objets. Il s'est mis à fouiller à l'intérieur.

« Ah ah ! » Le ravissement se lisait sur son visage. Il tenait une statuette couleur d'acajou qui représentait un vieillard dont la barbe lui descendait au nombril. Le personnage avait un visage large, caractéristique de celui des Asiatiques, un nez fort et des sourcils épais. Il tenait un bâton à la main droite. C'était un sage chinois.

« Pour vous. À bientôt », m'a-t-il lancé.

De retour à l'hôtel, j'ai fredonné une chanson douce tout en pensant à la journée qui m'attendait. La porte de ma chambre était ouverte. Je voyais une Tibétaine étendre du linge sur le toit situé en contrebas. Elle aussi chantonnait. Elle se trouvait trop loin pour que je reconnaisse l'air. J'ai sorti mon matériel vidéo afin de visionner les rushes du matin. J'ai branché le caméscope et rembobiné la cassette. Sur le petit écran, le dalaï-lama est apparu, assis derrière son bureau, dans sa salle de méditation. Il se préparait à sa séance quotidienne. La lumière était bonne, le son correct. Soudain, des bandes horizontales ont envahi l'écran. À la place de la peinture murale, je ne voyais que des rayures, à peine colorées de plusieurs nuances de gris. Le dalaï-lama s'était volatilisé.

J'ai appuyé sur la touche d'avance rapide. Les bandes tressautaient sur l'écran. J'ai mis fin au déroulement et appuyé à nouveau sur la touche « Play ». Des bandes. Rien que des bandes. Après être revenu au début, je me suis repassé les premières images. Les couleurs étaient sales en raison du manque de lumière, mais on voyait bien le dalaï-lama se préparer à adopter la position du lotus. Tout le reste était effacé. J'ai fait avancer et reculer le film jusqu'à ce que la batterie montre des signes de fatigue.

3

L'homme de Derry

J'étais arrivé de bonne heure dans la salle d'audiences où je devais m'entretenir avec le dalaï-lama. Assez vaste, joliment meublée de gros fauteuils et de canapés indiens, la pièce était éclairée par un agréable mélange de lumière naturelle et de lumière artificielle. En partie tamisée par les grappes de bougainvillées pourpres et les plantes vertes qui ornaient la galerie extérieure, la clarté inondait l'endroit à travers de grandes baies vitrées. Huit thangkas aux couleurs vives, dont chacun représentait un aspect de la déesse Tara, étaient accrochés presque à hauteur de plafond.

Un objet incongru a attiré mon regard. Sur un rebord de fenêtre, près de l'entrée, se dressait une sculpture en cristal du Capitole, à Washington. On aurait dit qu'elle avait été posée là après mûre réflexion. Haute d'un peu plus de quarante-cinq centimètres, elle semblait très lourde. Je suis allé l'observer de près. Une inscription était gravée à sa base. Il s'agissait du premier prix annuel Raoul Wallenberg, par lequel les élus du Congrès récompensent une action en faveur des droits de l'homme. Le dalaï-lama l'avait reçu de Tom Lantos, un membre de l'institution.

Ainsi baptisé en l'honneur du diplomate suédois qui a sauvé des milliers de juifs des camps de la mort nazis, ce prix lui a été décerné le 21 juillet 1989. À peine trois mois plus tard, le 5 octobre, le comité Nobel norvégien annonçait à Oslo que le dirigeant tibétain remportait aussi le prix Nobel de la Paix, pour son opposition résolue à la violence et sa défense de « solutions pacifiques, fondées sur la tolérance et le respect mutuels, et destinées à préserver le patrimoine historique et culturel de son peuple ».

Alors âgé de quarante-cinq ans, le dalaï-lama était le premier Asiatique à se voir accorder le prix Nobel de la Paix sans avoir à le partager. Lors de cette annonce, le président du comité Nobel, Egil Aarvik, a reconnu face aux journalistes que, depuis trente ans, la non-violence n'était pas parvenue à assurer son indépendance au Tibet. Mais, selon lui, il n'existait pas d'autre solution honorable. « Bien sûr, on peut la juger un peu trop irréaliste, disait-il. Mais si vous regardez le monde d'aujourd'hui, quelle est la solution au conflit ? La violence et la puissance militaire ? Non... La voie de la paix est réaliste. C'est pourquoi nous avons choisi le dalaï-lama. C'est un porte-parole lumineux, extraordinaire, de cette philosophie de paix. »

La capacité à cultiver le pardon se situe au cœur de la philosophie de paix du dalaï-lama. Quand j'ai fait sa connaissance, il y a une trentaine d'années, il m'a dit avoir pardonné aux Chinois tout ce qu'ils avaient infligé aux Tibétains. À l'époque, j'ai été surpris. Désormais, grâce à cet entretien, je voulais en savoir plus. Après être entré dans la salle d'audiences, le dalaï-lama s'est assis en face de moi et je lui ai demandé à brûle-pourpoint : « Votre Sainteté, je trouvais naturel que vous nourrissiez un certain ressentiment à l'encontre des Chinois. Mais vous m'avez dit qu'il n'en était rien. Éprouvez-vous, au moins de temps en temps, une profonde animosité ?

— Pratiquement jamais. Mon analyse est celle-ci : si j'éprouve des sentiments négatifs envers ceux qui me font souffrir, ils ne feront que détruire la paix de mon esprit. Mais si je pardonne, mon esprit sera calme. Pour ce qui est de notre combat en faveur de la liberté, si nous le menons sans colère, sans haine, mais avec une véritable magnanimité, nous pourrons le rendre plus efficace. Il faut se battre avec un esprit calme, avec compassion. Grâce à la méditation analytique, j'ai la conviction absolue que les émotions destructrices, comme la haine, ne servent à rien. Aujourd'hui, la colère, la haine, ne se présentent pas. Se présente parfois une petite irritation. »

Lorsqu'il aborde le thème du pardon, il aime illustrer son propos par l'histoire de Lopeun-la, un moine de Lhassa qu'il a connu avant l'occupation chinoise.

« Lorsque je me suis enfui du Tibet, Lopeun-la a été mis en prison par les Chinois. Il y est resté dix-huit ans. Quand il a fini par être libéré, il est venu en Inde. Je ne l'avais pas vu pendant vingt ans. Il semblait pareil. Bien sûr, il avait vieilli, mais physiquement il allait bien. Après toutes ces années de prison, il avait encore l'esprit vif. C'était toujours le moine doux que j'avais connu.

« Il m'a dit que les Chinois l'avaient forcé à abjurer sa religion. Ils l'ont souvent torturé en prison. Je lui ai demandé s'il avait eu peur. Il m'a répondu : “Oui, il y avait une chose dont j'avais peur. J'avais peur de perdre ma compassion pour les Chinois.”

« Ça m'a beaucoup ému, beaucoup inspiré. »

Il a marqué un temps d'arrêt en se drapant dans sa robe bordeaux.

« Le pardon a aidé Lopeun-la en prison. Grâce au

pardon, son expérience négative avec les Chinois n'a pas empiré. Sur le plan mental et émotionnel, il n'a pas trop souffert. Il savait qu'il ne pouvait pas s'échapper. Mieux vaut donc accepter la réalité qu'être traumatisé par elle. »

Il est convaincu que la puissance de pardon de Lopeun-la l'a aidé à survivre à toutes ces années d'incarcération sans causer de dommages irréparables à son psychisme. Lors d'un de mes séjours en Europe en compagnie du dalaï-lama, j'ai rencontré un homme dont la vie, comme celle de Lopeun-la, s'est trouvée renforcée par le pardon.

S'il faut en croire mon guide Lonely Planet du Royaume-Uni, l'Europa, à Belfast, est l'hôtel le plus bombardé du monde. À la grande époque des « troubles », cette guerre fratricide qui a opposé trois décennies durant catholiques et protestants d'Irlande du Nord, il a été le théâtre de trente-deux explosions. Depuis 1993, l'année où il s'est équipé de vitres blindées, le phénomène s'est arrêté.

Après avoir pris mon petit déjeuner dans l'élégant restaurant qui ouvre sur le hall en marbre de l'Europa, j'ai parcouru quelques centaines de mètres pour me rendre au Waterfront Hall, une toute nouvelle structure de verre et de granite de forme circulaire. Il s'agit d'une salle de concerts qui symbolise l'espoir et le renouveau d'une ville dévastée. Elle a coûté 52 millions de dollars américains. Comme le musée Guggenheim pour Bilbao, elle a fait de Belfast un haut lieu de la culture européenne.

J'allais y retrouver le dalaï-lama, dont c'était le premier séjour dans cette ville. Il devait participer à une conférence interconfessionnelle de la paix organisée par Laurence Freeman, un père bénédictin, et visiter certains lieux parmi les plus instables d'Irlande du Nord.

Je l'ai aperçu dans une pièce de réception située près de la salle de conférences. Il se tenait à côté du père Freeman et de Seamus Mallon, le dirigeant des catholiques d'Irlande du Nord. Celui-ci portait au cou une longue écharpe blanche que le dalaï-lama lui avait offerte en signe d'amitié. C'était un homme d'environ soixante-cinq ans, que ses lunettes et ses cheveux blancs vieillissaient un peu. Personnage-clé du processus de paix en Irlande, il n'avait pas pris un jour de repos depuis des années. Il voulait savoir si le visiteur aimait ce pays.

« C'est très beau. Et les gens sont... » Le dalaï-lama cherchait le mot juste. Tenzin Guéshé Trétong lui a donné un petit coup de pouce : « Chaleureux. » Tenzin Guéshé, un homme de petite taille et d'allure distinguée, a servi de conseiller au chef suprême des Tibétains pendant la majeure partie de sa vie. Il a quitté la robe de moine il y a quelque temps.

« Oui. Les gens sont très chaleureux », a repris le dalaï-lama.

Il s'est penché vers Mallon en le regardant attentivement.

« Mais ce mur entre les gens, les catholiques et les protestants... C'est mal. C'est comme un petit mur de Berlin. »

Ce « petit mur de Berlin » est un ouvrage haut de cinq mètres, en béton armé, surmonté d'une double rangée de barbelés. Il est destiné à empêcher les fidèles des deux religions de se sauter à la gorge. Des caméras de surveillance sont disposées aux endroits stratégiques. La désolation qui l'environne est palpable : de part et d'autre, des terrains vagues sont envahis par les décombres, les fils de fer et les ordures. Construit non loin du centre de Belfast, ce mur s'appelle la Ligne de Paix.

À une rue de là se dresse le Pony Club. Ses murs restent debout, mais son toit s'est effondré, laissant à l'air libre des poutres calcinées par le feu des bombes. On a le sentiment qu'il est dans cet état depuis des années. Le quartier est un paradis pour photographes de presse. Sur les façades des maisons, des scènes frappantes, peintes en couleurs vives, s'inspirent des troubles. La plupart d'entre elles rendent hommage au cri de guerre des antagonistes. Des hommes masqués, en tenue noire, tiennent des mitraillettes dans leurs bras. Sur un portrait de Bobby Sands – le célèbre militant qui, en 1981, a mené jusqu'à son terme fatal une grève de la faim pour protester contre le traitement réservé par la Grande-Bretagne aux prisonniers de l'IRA – haut comme un immeuble de trois étages, on peut lire : « Le rire de nos enfants sera notre vengeance. »

Le premier jour de sa visite, le dalaï-lama était allé planter un arbre à Lanark Way. Il est descendu de voiture du côté protestant ; les poteaux et les bords des trottoirs étaient badigeonnés de bleu, blanc, rouge, les couleurs du drapeau britannique (un mois auparavant, des bombes tricolores avaient été lancées sur des maisons habitées par des catholiques). Il a été accueilli par une foule immense, en grande partie composée d'écoliers en uniforme qui agitaient des drapeaux à prières tibétains multicolores. Il s'est mêlé à eux pour leur parler et leur serrer la main.

Il s'est ensuite dirigé vers les lourdes portes d'acier. Lorsque le Royal Ulster Constabulory, la police irlandaise, les a ouvertes, des acclamations ont retenti des deux côtés du mur. À pas lents, il a franchi la Ligne de Paix pour rejoindre Springfield Road, du côté catholique, où d'autres enfants avaient déplié une grande banderole de bienvenue. D'ordinaire, ces portes ne s'ouvrent qu'une fois par an, en juillet, lorsque l'Ordre protestant d'Orange les passe pour défiler le long du mur, du côté catholique. Cette provocation fait monter la tension omniprésente à Belfast.

Devant la Ligne de Paix, le dalaï-lama a expliqué aux deux communautés ennemies que la meilleure façon d'éviter le conflit, c'était de tempérer les émotions.

« Lorsque les émotions humaines échappent à tout contrôle, leur a-t-il déclaré, la meilleure partie du cerveau, celle qui sert au jugement, ne peut fonctionner correctement. Bien sûr, certains conflits, certaines divergences, existeront toujours. Mais nous devons utiliser les divergences dans un sens positif, pour essayer de tirer une énergie de diverses opinions. Essayez de minimiser la violence, non par la force, mais par la conscience, le respect et le dialogue. En tenant compte de l'intérêt d'autrui, en exprimant le vôtre, il y a une façon de régler les problèmes. »

Le Tibet a terriblement souffert sous la botte chinoise. Quand il parlait à la foule de la futilité de la violence, le dalaï-lama s'exprimait du plus profond de son expérience et de sa douleur.

« Des gens qui se réclament tous du christianisme se combattent. N'est-ce pas incroyable ? a-t-il demandé en promenant les yeux sur les visages des catholiques et des protestants venus l'entendre. C'est insensé. J'ai l'impression que la tête me tourne à cause de vos problèmes. Si l'on compare le bouddhisme au christianisme, alors oui, on peut dire qu'il existe de grandes différences. Mais le protestantisme au catholicisme... Ce n'est rien ! Il y a plus de différences entre vous et moi qu'entre vous et vous. Je vous souhaite de ne jamais perdre espoir. Je ne peux rien faire. L'issue se trouve entre les mains du peuple d'Irlande du Nord. »

À la fin de son allocution, il a demandé à la foule : « Ça sert à quelque chose ? » Une longue acclamation lui a répondu. Il a alors ajouté : « Si ça sert à quelque chose, alors souvenez-vous-en, s'il vous plaît. Sinon... » Il a ri. « Eh bien, n'y pensez plus. »

Un pasteur et un prêtre se tenaient à ses côtés. Il les a rapprochés l'un de l'autre et les a pris dans ses bras. Puis, une lueur de malice dans les yeux, il leur a tiré la barbe. L'assistance était aux anges. Le dalaï-lama a un faible pour les barbes : il ne peut s'empêcher de les toucher.

The Belfast Telegraph a consacré son éditorial à la visite. Sur le dessin humoristique qui illustrait l'article, trois voyous jetaient un regard noir au dalaï-lama qui, tout sourire, plantait un arbre devant la Ligne de Paix ; leur chef lui lançait d'un air narquois : « Ouais. Mais t'es qui toi ? Un bouddhiste catholique ou un bouddhiste protestant ? »

Dans l'après-midi, le responsable de la police de Belfast a conduit le dirigeant tibétain dans un bureau de l'hôtel de ville. Cette place forte protestante est connue sous le nom tristement célèbre de Ulster Hall. Le visiteur s'est laissé tomber sur un siège, les jambes allongées. Son voyage à Derry l'avait fatigué. Il s'y était rendu en avion privé, après son discours matinal au Waterfront Hall, où trente-quatre catholiques et protestants, victimes des attaques terroristes qui ont fait 3 600 morts au cours des trente dernières années, l'avaient entendu s'exprimer sur le thème du pardon.

Pendant le bref quart d'heure de repos qui lui était accordé, il a pu réfléchir à son excursion à Derry avec le père Freeman, qui ne le quittait plus depuis deux ou trois jours. Ils partageaient les mêmes idéaux et se respectaient mutuellement.

Vêtu de son éternelle soutane blanche, le père Freeman ne tenait pas en place. S'il était las, il n'en laissait rien transparaître.

« Vous vous souvenez de Richard Moore, ce jeune homme de Derry qui a perdu la vue à l'âge de dix ans ? a-t-il demandé au dalaï-lama.

— Lors d'une fusillade. » Son interlocuteur revenait à la vie. Il s'est agité sur son siège pour se redresser. « Il est plein d'idéal, d'enthousiasme. »

Le père Freeman m'a regardé.

« Sa Sainteté et cet homme sont très joyeux. Ils ont apporté une contribution égale à la rencontre avec les victimes.

— Il y a une chose rigolote que vous avez demandée... » Laissant sa phrase en suspens, le dalaï-lama s'est mis à glousser avant de se passer la main sur le visage.

Le père Freeman, qui savait exactement où le visiteur voulait en venir, a saisi la perche. « Richard ne voit pas de noir. Alors je lui ai demandé : "Qu'est-ce que vous voyez ?" Il a dit : "Eh bien, je vois les gens comme je les imagine." Alors je lui ai demandé : "À quoi ressemble le dalaï-lama ?" »

À ces mots, celui-ci est intervenu : « Et je l'ai laissé toucher mon visage. » Il s'est de nouveau passé la main sur la figure dans un geste circulaire, puis il a saisi son nez. « Et mon nez. Il a dit : "Oh, quel gros nez !" » Il a éclaté de rire en frappant dans ses mains. Son corps était secoué par l'effort.

Le père Freeman a continué : « Oui. Ensuite vous lui avez demandé combien de temps il fallait pour se remettre d'un traumatisme tel que la perte de la vue.

— Et il a répondu : “Une nuit.” »

J’avais peine à comprendre ces bribes d’informations. Si j’avais été Richard Moore, j’aurais eu une réaction très différente. Je n’imaginais pas surmonter pareille perte aussi rapidement.

Quelques mois après la fin de la visite du dalaï-lama en Irlande du Nord, j’ai parlé au téléphone avec Richard Moore, l’homme de Derry. Son acceptation tranquille, donc rare, de la cécité éveillait ma curiosité.

« Si j’ai accepté si vite de devenir aveugle, c’est pour deux ou trois raisons, m’a-t-il dit. Aussitôt, ma famille et mes amis m’ont énormément aidé. Les médias régionaux et nationaux se sont beaucoup intéressés à moi. Les dirigeants politiques sont venus chez moi et ils ont fait toute une histoire de mon cas. Du jour au lendemain, je suis devenu célèbre et je me suis senti important. Autre chose : j’ai eu de la chance, car je suis né heureux. Je me contente de ce que j’ai.

— Vous n’avez jamais été déprimé ?

— Deux semaines après ma sortie de l’hôpital, mon frère m’a emmené faire un tour dans l’arrière-cour. Il m’a demandé si je savais ce qui s’était passé. Je lui ai dit que oui, qu’on m’avait tiré dessus. Il m’a demandé si je savais quelles blessures j’avais subies. Je lui ai dit que non. Alors il m’a dit que j’avais perdu un œil et que je ne verrais plus de l’autre. Cette nuit-là, j’ai pleuré amèrement. J’ai pleuré parce que je savais que je ne verrais plus le visage de mon papa ni de ma maman. Et voilà. Le lendemain, j’avais accepté mon sort.

« Bien sûr, j’ai traversé des moments pénibles. J’ai assisté à la naissance de mes enfants, mais je ne les ai pas vus. Ils ont fait leur première communion. J’aurais tout donné pour les voir. Et puis, tous ces matins de Noël... Tout a un prix. Ça ne changera jamais. Mais ce n’est pas ça qui dominera le reste de ma vie.

« Mon père disait toujours : “Après la pluie, le beau temps.” »

Il me paraissait difficile de comparer une balle dans l’œil à une simple averse...

« Comment est-ce arrivé ? lui ai-je demandé.

— Le 4 mai 1972 – j’avais dix ans –, il y avait de la bagarre dans les rues. Je m’en suis mêlé et j’ai jeté une pierre aux soldats britanniques. »

Il a gardé le silence un long moment.

« Après, je ne me souviens plus de ce qui s’est passé. Un soldat placé près de moi a tiré une balle à blanc et j’ai été touché à l’œil droit. Un de mes instituteurs était là, mais il ne m’a pas reconnu tellement j’étais défiguré. Mon père est monté dans l’ambulance avec moi. Il n’a pas voulu que ma mère vienne ; il ne voulait pas qu’elle me voie. Elle avait perdu un frère, tué par balle en janvier 1972, lors du Bloody Sunday.

— Que ressentez-vous à l’égard du soldat qui vous a touché ?

— Je sais que c’est bizarre, mais je ne ressens aucune amertume envers lui. En fait, je serais très curieux de faire sa connaissance. Je vais vous dire une chose : je crois que ce qui m’a le plus aidé dans la vie, c’est de ne pas lui en vouloir. Je lui ai pardonné totalement, sans réserve. »

La puissance de pardon de Richard Moore lui a ouvert des horizons insoupçonnés. Il y a quelques années, il a créé une organisation appelée Children in Crossfire[1], qui vient en aide aux petits Asiatiques, Africains et Latino-Américains en situation difficile. Plus récemment, il se trouvait au Bangladesh pour participer à une action menée sur place.

Je lui ai dit que le dalaï-lama avait été impressionné

1. « Enfants sous feux croisés ».(*NdT*).

par sa résilience, par ce qu'il avait fait de sa vie, et je lui ai demandé ce qu'il pensait du dirigeant tibétain.

« Après le discours qu'il a délivré à Derry ce matin-là, on m'a invité à m'asseoir à côté de lui pour le déjeuner. Il m'a lui-même servi. Il a déposé du bœuf au curry et du riz dans mon assiette, puis il m'a demandé si j'en avais assez. Il m'a tendu ma fourchette et mon couteau. Il m'a montré où était mon jus d'orange. Je sentais une chaleur se dégager de lui, un très grand sentiment d'amour. Rien de palpable. Je me sentais détendu, chez moi, tout simplement. »

Après le repas, pendant que le dalaï-lama discutait avec un journaliste de radio, Richard Moore s'est avancé vers la voiture du visiteur, qu'il voulait attendre pour lui dire au revoir.

« Au moment où j'ai pris l'allée, j'ai entendu quelqu'un courir derrière moi. C'était lui. Il courait pour me rattraper ; il était essoufflé. Et il criait : "Attendez votre ami !" Alors nous avons rejoint la voiture ensemble. Il m'a serré très fort dans ses bras et il est parti. »

Après avoir rencontré les victimes à Derry, le dalaï-lama a repris l'avion pour Belfast. Il devait y délivrer une courte allocution sur l'instauration de l'harmonie dans la communauté déchirée des catholiques et des protestants. Colin McCrory, un enfant de douze ans aux cheveux en brosse, lui a remis un bouquet. Le dirigeant tibétain a saisi les mains du jeune garçon pour les secouer avec vigueur. À la fin de la cérémonie, Colin, encore exalté par ce contact, a décidé de retourner à pied à Hazelton Integrated, son école protestante. Grossière erreur... Il aurait mieux fait de prendre le bus avec ses camarades. En chemin, il est tombé sur une bande d'une dizaine d'adolescents qui voulaient savoir à quelle école il allait. Après l'avoir appris, ils l'ont jeté au sol et l'ont roué de coups à la tête. S'il a échappé à des blessures plus graves, c'est qu'une femme s'est précipitée pour mettre fin au massacre.

Quand Tenzin Guéshé Trétong a eu vent de l'affaire, il l'a aussitôt rapportée au dalaï-lama. Celui-ci connaissait bien la question irlandaise, car le père Freeman lui en avait dit l'essentiel. De plus, à Dharamsala, l'un de ses rituels matinaux consiste à écouter le BBC World Service.

Néanmoins, rien ne l'avait préparé à faire l'expérience de la haine sectaire de façon aussi directe. Ce garçon de douze ans venait tout juste de lui offrir des fleurs. Quelques heures plus tôt, ils s'étaient serré la main. Bouleversé par la brutalité de l'attaque, le dalaï-lama s'inquiétait des blessures de l'enfant. Avant Belfast, il avait visité Budapest, Bratislava et Prague. L'agression dont Colin avait fait l'objet était l'incident le plus troublant de tout son périple. Plus qu'aucun autre, il soulignait le caractère intraitable du problème irlandais.

4

Un feu à hauteur du nombril

Sa Sainteté était pelotonnée contre l'archevêque. Le moine tibétain en robe bordeaux et le prélat anglican en costume noir étaient assis l'un à côté de l'autre, main dans la main. Leurs têtes se touchaient presque. Les yeux dans les yeux, ils se regardaient comme deux adolescents amoureux. Les médias internationaux étaient tenus à distance derrière un cordon de velours. Les télévisions et les journaux de tous les continents étaient représentés. On a rarement la chance de rencontrer trente-trois prix Nobel de la Paix dans une même pièce – en l'occurrence, l'étincelante salle des banquets de l'hôtel Holmenkollen, à Oslo. En décembre 2001, pour fêter le centenaire du prix, la Norvège avait réuni le plus grand aréopage de lauréats qu'on ait jamais vus.

Le dalaï-lama et Monseigneur Tutu partageaient un moment de calme avant la première séance matinale du symposium organisé pour l'occasion. Je me tenais derrière eux, penché en avant, m'efforçant de saisir quelques bribes de leur conversation malgré le crépitement des appareils photo.

« J'arrive du nord de la Norvège, où l'université de Tromso m'a fait docteur *honoris causa*, expliquait le dalaï-lama. C'était une expérience particulière. Un jour, j'ai reçu cette distinction de l'université de Bologne, en Italie, l'une des plus vieilles d'Europe. Là-bas, la tradition veut que le récipiendaire mette de beaux habits, mais aussi une bague. J'ai déclaré : "En ma qualité de moine bouddhiste, je n'ai pas le droit de porter de bague. Mais aujourd'hui, parce que ça fait partie de la cérémonie, je vais la mettre." J'ai gardé la bague quelque temps.

— Très bien, a répondu Monseigneur Tutu. Je suis sûr que vous pouvez la vendre et en tirer un bon prix ! »

Ils se sont mis à rire. Les petits gloussements du début se sont vite transformés en véritables hurlements. Graves pour le Tibétain, aigus pour son voisin. Leur joie débridée et communicative libérait l'énergie d'un cyclone et faisait trembler les portes-fenêtres de l'immense salle. Chacun a interrompu ses activités pour observer la scène.

J'ai eu une illumination. Malgré leurs différences de pigmentation et d'âge (Monseigneur Tutu est plus vieux de quatre ans), ces deux hommes ont un tempérament identique. L'un comme l'autre, ils jouissent de cette étrange aptitude à s'abandonner totalement à une situation, mais aussi de cette bonne humeur spontanée et sans entrave. Ils peuvent voir les composantes les plus banales de leur environnement et y trouver matière à plaisanterie.

Une journaliste a franchi le cordon de velours et s'est avancée vers eux. Un preneur de vues la suivait.

Elle s'est adressée au dalaï-lama : « Puis-je vous poser une question ?

— D'où venez-vous ? lui a-t-il demandé en levant les yeux sur elle.

— Je travaille pour la télévision norvégienne. Votre Sainteté, que reste-t-il pour vous de 2001 ?

— Une nouvelle choquante, une expérience déstabilisante, je crois... Quand j'ai su ce qui s'est passé le 11 septembre, et surtout quand j'ai vu les images à la télévision : l'avion civil, bourré de passagers innocents, plein de carburant, qui a servi d'arme explosive. Impensable ! C'était prévu, sinon depuis des années, au moins depuis des mois. J'ai senti que l'intelligence humaine guidée ou contrôlée par la haine engendrait le désastre. »

Monseigneur Tutu opinait du bonnet avec vigueur.

« Nous avons donc la responsabilité d'aider à promouvoir les émotions humaines positives, non ? a demandé le dalaï-lama à l'archevêque.

— Oui, je suis d'accord avec vous », a répondu ce dernier en applaudissant.

Le déjeuner qui avait lieu dans le restaurant principal du Holmenkollen ne réunissait que les lauréats et les invités au symposium. Après la séance du matin, Monseigneur Tutu et moi sommes entrés ensemble dans l'élégante salle. Sachant que j'accompagnais le dalaï-lama, il m'avait aimablement proposé de me joindre à lui. Nous nous sommes assis à la table la plus proche de l'entrée. Presque aussitôt, Colm O'Cuanachain, président d'Amnesty International, l'organisation qui a remporté le prix en 1977, s'est installé avec nous, suivi de près par Cora Weiss, l'actuelle responsable du Bureau international de la Paix, récipiendaire du prix en 1910. Un serveur est venu prendre notre commande d'apéritifs.

« Merci beaucoup, lui a dit l'archevêque. Maintenant, j'ai plutôt faim. Pourrions-nous être servis rapidement ?

— Je vais essayer de trouver un raccourci, lui a répliqué le jeune Norvégien.

— Merci, merci. » Monseigneur Tutu est parti de l'énorme rire qui lui est coutumier.

Cette illustre compagnie me rendait nerveux, mais j'étais décidé à parler à l'archevêque de sa relation avec le dirigeant tibétain.

« Quelle impression le dalaï-lama vous fait-il ? » lui ai-je demandé d'une voix inhabituellement forte. Les deux autres convives se sont tournés pour me dévisager.

« C'est un homme merveilleux. Je l'aime, a aussitôt répondu Monseigneur Tutu. Nous partageons tous deux un formidable sens de la plaisanterie. Nous portons en nous un petit enfant qui essaye de s'exprimer. Jésus a dit : "Quiconque n'accueille pas le royaume de Dieu comme un enfant n'y entrera pas [1]." Le dalaï-lama a le sens de l'émerveillement, comme l'enfant. Il a aussi cette sainteté transparente. On l'appelle Sa Sainteté et c'est réellement un saint homme. Les jeunes en particulier le jugent irrésistible. Ils voient très vite qui n'est pas authentique, qui triche. Ils comprennent que le dalaï-lama est vrai de vrai.

— Il existe entre vous une alchimie particulière. Quand vous êtes ensemble, on dirait deux gamins qui jouent. Comment en êtes-vous arrivés là ?

— Je ne sais pas. Comment tombe-t-on amoureux ? Ça se passe, voilà tout. Il y a des gens qui touchent le gros lot. On ne comprend pas cette alchimie. Pourquoi ai-je touché le gros lot avec lui, lui avec moi ? C'est un des glorieux mystères de... disons de la grâce. » Il a marmonné une courte prière pendant qu'on posait une corbeille de pain sur la table.

« Compte tenu de votre expérience de l'apartheid,

---

1. Marc, 10,15, *Bible Osty*, Seuil, Paris, 1973, p. 2 171 *(NdT)*.

que pouvez-vous dire des Tibétains et des Chinois ? lui ai-je demandé pendant que nous mastiquions un roulé norvégien.

— Il y a une chose très importante : nous, les Noirs d'Afrique du Sud, nous avions une foi ardente en notre victoire. » Les autres lauréats assis à notre table étaient suspendus à ses lèvres. « La foi, vous savez... Parfois, elle ne tient qu'à un fil. Surtout pendant ces jours sombres où nous conduisions les funérailles à l'ancienne. Nous avons eu de la chance : notre peuple a une aptitude extraordinaire au rire. Il pouvait rire, y compris dans les situations les plus désespérées. Il pouvait rire de lui-même. Mais venons-en aux Chinois. Vous verrez, ils finiront par perdre. Ils perdront aussi la considération que le monde leur aura portée. Ils doivent se dégager et permettre aux Tibétains de prendre une réelle autonomie. »

Le serveur est arrivé. Il apportait à Monseigneur Tutu une grande assiette de poisson et de légumes, mais rien pour nous.

Le visage du prélat s'est illuminé. « Bien joué ! Dieu vous bénisse. C'est très gentil. » Puis, à notre adresse : « Ce monsieur est très intelligent. » Quand il a explosé de rire, ses narines se sont dilatées et ses petits yeux ont disparu.

« Pour vos amis, je reviens tout de suite. » Le jeune homme était médusé par ce brusque accès d'hilarité.

« J'ai profité d'une certaine influence – qui passe par notre ligne téléphonique d'urgence. Je lui ai dit que mes amis avaient, eux aussi, besoin du confort dont nous disposons ici, nous a expliqué Tutu en riant de plus belle.

— Nous n'en avons pas encore profité, a lancé O'Cuanachain, dont j'entendais l'estomac gargouiller.

— Ça viendra », lui a assuré Monseigneur Tutu,

juste avant le retour du serveur, chargé d'un plateau de nourriture.

De 1995 à 1997, Monseigneur Tutu a présidé la Commission de Vérité et de Réconciliation d'Afrique du Sud. En quoi consistait cette fonction ? En l'écoute de vingt et un mille témoins qui décrivaient les atrocités et les violations des droits de l'homme commises du temps de l'apartheid. Parfois, après avoir entendu les récits de tortures et de membres déchiquetés, il pleurait. Qu'attendait-on de lui ? Qu'il pardonne aux auteurs de ces méfaits pour permettre la guérison.

« Les gens disaient : "On devrait ouvrir les plaies, les nettoyer pour qu'elles ne suppurent pas, leur appliquer des baumes. Alors, peut-être cicatriseront-elles. Le pardon coûte cher et la réconciliation n'est pas facile. Mais avec le pardon, nous ouvrons la porte à quelqu'un qui peut être enchaîné au passé, qui brise ses chaînes et qui franchit de nouveau cette porte pour aborder un avenir nouveau." »

En 2004, lors d'un forum organisé par l'université de Colombie-Britannique – auquel le dalaï-lama participait –, Monseigneur Tutu a rapporté son expérience en ces termes :

« Nous étions souvent émus par les exemples, surtout de ceux qui, après avoir beaucoup souffert, avaient un comportement extraordinaire au lieu de demander une livre de chair en guise de rétribution.

« Une jeune Noire est venue nous trouver pour nous raconter cette histoire : "Les policiers sont arrivés et ils m'ont conduite au poste. Ils m'ont fait entrer dans une pièce, ils m'ont déshabillée, ils ont pris mes seins et ils les ont coincés dans un tiroir. Ensuite, ils ont violemment refermé le tiroir plusieurs fois sur mes tétons jusqu'à ce qu'un liquide blanc s'en échappe." » On pourrait croire que, après ce genre d'atrocités, un être éprouve de l'amertume, qu'il ait soif de vengeance. Mais souvent, les gens comme elle disaient être prêts à pardonner. Nous étions assis là, très humbles, conscients du privilège consistant à écouter ceux qui, à juste titre, auraient dû être en colère et vindicatifs, mais qui étaient habités par le désir de pardonner.

« Lors du massacre de Bisho, soixante-dix personnes ont trouvé la mort et deux cents autres ont été blessées. Nous avons organisé une réunion dans une grande salle, bourrée à craquer de gens en colère. Bon nombre d'entre eux avaient été blessés ou avaient perdu un être cher. Quatre officiers qui avaient tiré sur des Noirs et qui les avaient tués sont entrés. On sentait la tension, la colère dans la salle. Ils sont venus s'asseoir sur l'estrade à nos côtés. Un des officiers, un Blanc – les trois autres étaient des Noirs – s'est levé et a dit : "Oui, nous avons donné l'ordre aux soldats de tirer."

« La température a grimpé dans la pièce. L'ambiance était à couper au couteau. Puis il a ajouté : "Veuillez nous excuser. Veuillez excuser mes trois collègues et les réadmettre dans la communauté." On pourrait penser que toute la salle allait exploser sous l'effet de la colère. Vous savez ce que les gens ont fait ? Ils ont applaudi. Incroyable ! Ils ont applaudi. Et quand les applaudissements ont cessé, j'ai dit : "Gardons le silence un moment, car nous voici en présence du sacré. Nous sommes en terre sainte. Nous devrions nous déchausser, comme Moïse." »

Monseigneur Tutu a acquis sa profonde conviction en matière de pardon en se confrontant à une sagesse séculaire. Au cours d'un dialogue mené avec le dalaï-lama à Vancouver, il affirmait : « Dans notre pays, nous parlons *d'ubuuntu*. Le plus grand compliment que je puisse vous faire, c'est de dire que vous avez *l'ubuuntu* – vous avez ce qu'il faut pour être humain. Celui qui a *l'ubuuntu* reconnaît qu'il n'existe que parce que autrui existe : c'est une personne à travers une autre personne. Quand nous disons que vous avez *l'ubuuntu*, nous entendons que vous êtes doux, compatissant, hospitalier, que vous voulez partager et que vous vous souciez du bien-être d'autrui. Mon humanité est indissociable de la vôtre. Aussi, quand je déshumanise autrui, que je le veuille ou non, inexorablement, je me déshumanise. Car nous ne pouvons être humains, nous ne pouvons nous sentir libres, qu'ensemble. Pardonner, c'est en fait la meilleure façon de préserver ses intérêts. »

Un mois après la réunion des lauréats du Nobel à Oslo, le dalaï-lama m'a accordé un long entretien à Dharamsala. Au cours d'une discussion sur le concept de pardon, il m'a raconté l'histoire de Lob-sang Tenzin. En se montrant véritablement magnanime, ce bouddhiste tibétain a porté son évolution spirituelle à un degré spectaculaire.

« C'était un combattant de la liberté au Tibet, dans la région de Pempo. Il faisait partie des notables de son village. En 1959, les Chinois l'ont arrêté et emprisonné. Alors il s'est enfui en Inde. À l'origine, il ne savait rien du bouddhisme. Mais il avait appris tout seul la pratique de la chaleur interne – le *toumo*. Il y était venu assez tard dans sa vie. »

Il méditait dans une grotte sur les hauteurs de Dharamsala lorsqu'il a vu une intense lumière. C'était le signe qu'il avait obtenu un résultat dans sa pratique tantrique. Il a fermé les yeux pour voir si la lumière disparaissait. Elle était là, encore plus intense. Il a également eu la vision de fleurs magnifiques. Et puis il a senti une chaleur terrible, un feu d'où s'échappaient des étincelles, au niveau de son nombril. En se concentrant sur ce point, il s'est aperçu qu'il pouvait dilater ou contracter cette boule de feu et influer sur son mouvement. Il l'a déplacée jusqu'à la région du cœur, il l'y a maintenue et il a poursuivi sa méditation. Il éprouvait une sensation nouvelle : il était insensible au froid mordant. Il était très impressionné par cette expérience, cette capacité inédite à engendrer une chaleur interne – le *toumo*.

Après avoir poursuivi cette pratique environ un an, il a découvert que sa méditation avait atteint un autre niveau : la chaleur psychique s'amplifiait et il l'engendrait plus facilement. Il a compris qu'il pouvait guider l'énergie de cette chaleur dans un canal psychique situé au centre de son corps. Quand il y est parvenu, il a connu un état de félicité profond et durable.

Au début des années 1980 – il avait passé quarante ans –, le dalaï-lama lui a conseillé de se concentrer sur le *toumo* pour en faire l'élément principal de sa pratique spirituelle. Sur les instances du dalaï-lama, il est allé trouver un célèbre maître en la matière : le khyentsé-lama de Manali, une bourgade située dans les montagnes de l'Himachal Pradesh, en Inde.

« Les disciples du khyentsé-lama pratiquent le *toumo* toute l'année en utilisant la technique du drap mouillé. Même par les jours les plus froids, ils sont presque nus, m'a expliqué le dalaï-lama. Ils plongent le drap dans l'eau glacée, ils l'essorent, ils s'en couvrent le corps et ils méditent. Quelques minutes plus tard, la vapeur se dégage. Le drap est complètement sec en moins d'une heure. Ils le replongent dans l'eau, le remettent sur leur corps. De dix à treize fois par nuit. Le Dr Benson, de Harvard, s'y est intéressé. Il est venu à Dharamsala effectuer des examens sur les experts en *toumo* qui vivent dans les montagnes. Il a été très impressionné par la capacité de Tenzin à engendrer la chaleur corporelle. Avec ma permission, il l'a donc invité à venir faire des examens à Harvard. »

Karma Guéleg, un jeune moine qui maîtrise bien l'anglais, a accompagné Tenzin aux États-Unis. Il m'a affirmé que leur voyage, effectué en 1985, avait été difficile. À son arrivée, Tenzin souffrait du décalage horaire. Épuisé, il ne voulait se plier aux examens qu'après s'être acclimaté. Le laboratoire du Dr Benson étant surchargé, il était impossible de retarder les expériences, qui ont commencé le lendemain.

Tenzin a été soumis à toute une batterie de tests dans un laboratoire dont la température était celle d'une chambre froide. Les scientifiques portaient des combinaisons sous leurs blouses blanches. Ils lui ont demandé d'ôter sa robe et de ne garder qu'une fine chemise en coton. Les examens ont duré une éternité. D'après Guéleg, Tenzin était glacé jusqu'aux os pendant la séance.

Lorsqu'il a fini par accéder à un état de méditation profonde, son apport en oxygène a chuté de façon spectaculaire et son métabolisme s'est ralenti d'autant. Il n'avait besoin que de cinq ou six inspirations par minute, alors qu'en temps normal, il lui en fallait treize ou quatorze. Quand il a engendré le *toumo*, sa température s'est élevée de dix bons degrés. Plus tard, dans l'étude qu'il a consacrée aux pratiquants du *toumo*, le docteur Benson a écrit : « Ce que nous concluons de ces expériences, c'est que les processus de méditation provoquent des modifications physiologiques assez marquantes dans le corps humain ; ces changements ont une influence directe sur la santé, dans la mesure où tout trouble est provoqué ou empiré par le stress[1] [...]. »

L'histoire de Lobsang Tenzin m'intriguait. Je me demandais comment un combattant de la liberté, un homme habitué à tuer, avait pu accomplir ces prouesses spirituelles si tard dans sa vie. En effet, la plupart des moines tibétains commencent leur entraînement au monastère à six ou sept ans.

L'explication m'est venue de Karma Guéleg. Tenzin pensait que sa pratique spirituelle avait débuté, puis connu une accélération considérable, lors de son incarcération. Pendant cette période difficile, il avait eu deux intuitions. D'abord, il avait compris que sa souffrance en prison était due à un lien karmique, qu'elle résultait d'atrocités qu'il avait lui-même commises sur les Chinois. Ensuite, il avait deviné que, s'il se laissait consumer par la haine, s'il restait obnubilé par la vengeance, il deviendrait fou.

Certes, il était impuissant face aux dommages corporels que les Chinois lui infligeaient, mais il sentait que ses geôliers ne pouvaient, à eux seuls, porter atteinte à sa santé mentale. Son bien-être psychologique ne souffrirait qu'en raison de sa propre attitude, de sa propre réaction à cette mauvaise passe. Il savait que, s'il éprouvait un sentiment neutre – ou mieux encore, positif – à l'égard de ses bourreaux, il dormirait la nuit. Les Chinois auraient beau le torturer, son esprit lui offrirait toujours un refuge.

1. Dalaï-lama, Howard Gardner, Daniel Goleman, Herbert Benson et Robert Thurman, *Esprit Science : dialogue Orient-Occident*, traduit de l'anglais par Catherine Bérenger, Claire Lumière, Vernègues, 1993, p. 68 *(NdT)*

D'après Guéleg, Tenzin avait sublimé sa haine. Il avait tout simplement pardonné aux Chinois. Avec le temps, il était même parvenu à éprouver une authentique compassion à leur égard. C'était la clé, la façon de survivre à sa terrible incarcération sans que son mental en souffre trop. En prison, il a fini par croire au pouvoir guérisseur du pardon. Selon Guéleg, c'est ce qui lui a permis de brûler les étapes dans sa pratique spirituelle. Ses prouesses en matière de *toumo* ont elles aussi connu une avancée considérable.

« Pouvoir pardonner à ses ennemis peut donc faire la différence dans une progression spirituelle ? ai-je demandé au dalaï-lama.

— Oui, sans aucun doute. C'est crucial. C'est un des éléments les plus importants. Il peut changer une vie. Pour atténuer la haine et les autres émotions destructrices, il faut ressentir leurs contraires : la compassion et la bienveillance. Si vous éprouvez une forte compassion, un fort respect envers autrui, alors le pardon devient plus facile. Principalement pour cette raison : on ne veut pas faire de mal à autrui. Le pardon permet de garder le contact avec ces émotions positives. Il facilite la progression spirituelle.

— Recourez-vous à une technique de méditation particulière ?

— Je recours à la méthode dite “du donner et du prendre”. Je visualise ceci : j'envoie aux autres mes émotions positives, comme le bonheur ou l'affection. Puis je visualise ceci : je reçois leur souffrance et leurs émotions négatives. Je fais ça tous les jours. J'accorde une attention particulière aux Chinois, surtout à ceux qui imposent des horreurs aux Tibétains. Tout en méditant, j'inhale leurs poisons : la haine, la peur et la cruauté. Ensuite, j'exhale. Je laisse sortir tous les sentiments positifs : la compassion et le pardon. J'absorbe les poisons et je les remplace par de l'air frais. Je donne et je prends. Je veille à ne condamner ni les Chinois ni moi-même. Cette méditation est très efficace, très utile pour amoindrir la haine, pour cultiver le pardon. »

5

L'être le plus altruiste

Les festivités organisées pour le centenaire du Nobel à Oslo battaient leur plein. Assis au salon-mezzanine du vénérable hôtel Holmenkollen, j'attendais Lodi Gyari Rinpotché, l'envoyé spécial de Sa Sainteté le dalaï-lama, pour prendre un verre avec lui. L'endroit était animé. En grande discussion avec un interlocuteur, Élie Wiesel, prix Nobel de la Paix et auteur d'ouvrages sur l'Holocauste, semblait insensible à l'agitation ambiante. Assis à une table voisine, José Ramos-Hortas, originaire du Timor-Oriental, s'entretenait avec deux ou trois journalistes.

De ma place, je voyais le hall en contrebas. Des détecteurs de métaux dernier cri étaient installés près de l'entrée. Impeccables dans leur uniforme ajusté, quelques policiers norvégiens contrôlaient les arrivées. Les mesures de sécurité déployées par la ville pendant la durée des cérémonies étaient de celles qu'on prend en temps de guerre. Plus tôt, alors que je me rendais à l'hôtel, j'avais vu plusieurs tireurs d'élite, reconnaissables à leur tenue de combat, postés sur les toits aux endroits stratégiques. Deux F-16 restaient en état d'alerte permanent. Au cours des jours qui devaient suivre, ils veilleraient à ce que l'interdiction de survol d'Oslo soit respectée.

Lodi Gyari s'est présenté avec un quart d'heure de retard. Il avait l'air préoccupé. Il venait d'assister à une rencontre entre le dalaï-lama et Richard Holbrooke dans la suite de l'hôtel où le moine tibétain était descendu. Le diplomate américain qui avait mis au point le traité de paix dans les Balkans en 1995 était invité aux cérémonies. Comme d'habitude, Lodi était vêtu d'un costume bien coupé, sans doute griffé. Rond de visage, lourdement charpenté, d'une politesse à toute épreuve, il affichait l'apparence lisse des hommes d'affaires asiatiques à qui tout réussit.

Avec Tenzin Guéshé Trétong, Lodi Gyari est l'un des plus proches conseillers du dalaï-lama. Après celui-ci, il est sans conteste le meilleur défenseur de la cause tibétaine en Occident. Je voulais savoir ce que pensait du dirigeant tibétain l'homme qui était son confident depuis quarante ans.

« Comment travaille-t-on avec le dalaï-lama ? lui ai-je demandé.

— Personne n'ignore que Sa Sainteté est très compatissante. C'est aussi un être extrêmement volontaire, comme le savent tous ceux qui travaillent auprès de lui. C'est ce qui attire les gens comme moi.

— Sa force ?

— Oui. Il ne fait aucun doute que sa compassion englobe tout. Mais pour être franc, ce n'est pas un employeur facile. Il en demande beaucoup. Je suis conscient de travailler pour un être qui défend des idéaux élevés. C'est utile, car ça me freine. J'impose certaines limites à ma conduite.

« Je vais vous raconter ce qui s'est passé pendant les événements de la place Tiananmen. Lors de la tragédie, j'étais son ministre des Affaires étrangères. À l'époque, malgré bien des hauts et des bas, nous étions sur le point d'amorcer un dialogue avec les Chinois. Yang Minfu se trouvait à la tête du ministère des Œuvres du Front uni. Nous étions parvenus, en quelque sorte, à rétablir le contact. Nous avions obtenu un accord de principe sur l'organisation d'une rencontre préliminaire à Hong Kong, au cours de laquelle nous devions fixer le lieu et la date des négociations. »

Je savais que, pour le dalaï-lama comme pour les autres exilés tibétains, rien n'importe plus que d'attirer les Chinois à la table des négociations. Toute leur action depuis quatre décennies tend vers cet objectif. Pour préserver leur mode de vie et empêcher leur pays de se noyer sous le raz-de-marée des migrants chinois, bon nombre de Tibétains avisés pensent qu'une seule solution est envisageable : un véritable rapprochement avec la Chine. Toutefois, malgré la prodigieuse autorité morale du dalaï-lama, les Chinois ont rarement manifesté leur volonté de dialogue.

Gyari a poursuivi : « J'étais occupé à tout préparer quand les événements de la place Tiananmen ont eu lieu. Je m'en souviens bien. J'étais chez moi, à Dharamsala. Un chauffeur de Sa Sainteté est venu me chercher en voiture ; je devais me rendre sur-le-champ au palais. J'ai vite enfilé ma robe tibétaine ; le chauffeur avait pour instruction de me conduire à la résidence de Sa Sainteté, et non au bureau. À mon arrivée, Tenzin Guéshé m'attendait. Nous sommes allés ensemble chez le dalaï-lama.

« Pour la première fois de ma vie, je l'ai trouvé extrêmement agité. On aurait dit Napoléon. Quand nous sommes entrés, il ne s'est pas retourné vers nous ; il avait les mains croisées dans le dos et il était plongé dans ses pensées. Sans préliminaires, il nous a dit : “Vous avez vu ?”

« Bien sûr, nous avions vu... Il n'y avait que ça à la télévision. Nous savions bien à quoi il pensait. Alors nous avons répondu que oui. Il a dit : “Vous allez tous deux rédiger la déclaration que je vais faire : une condamnation absolue des autorités chinoises et d'une politique qui consiste à brutaliser son propre peuple, et un soutien inconditionnel aux jeunes gens de la place Tiananmen.” »

« Égoïstement, le Tibétain en moi s'est dit : “Oh mon Dieu ! Voilà qui va anéantir toute possibilité de négocier, tout ce à quoi je travaille depuis des dizaines d'années.” Sa Sainteté s'est tournée vers moi, elle a aussitôt capté mon langage corporel et elle m'a demandé sans ambages : “Qu'est-ce qu'il y a ?” Je lui ai répondu : “Votre Sainteté, vous êtes consciente, bien entendu, que notre effort de négociation va en pâtir, peut-être pendant très longtemps.” J'ai senti qu'elle avait compris ma position. L'espace d'un instant, j'ai cru qu'elle modifierait la sienne. Mais elle m'a tourné le dos. Je sentais une intense énergie, comme celle d'un tigre. Le dalaï-lama a dit : “Oui, c'est vrai, vous avez votre avis. Mais si je ne m'exprime pas maintenant, je n'aurai plus aucun droit, du point de vue moral, de m'exprimer sur la liberté et la démocratie. Ces jeunes gens ne demandent rien de plus, rien de moins que ce que je demande moi-même. Et si je ne peux pas parler pour eux...” Lodi hésitait, fouillant sa mémoire pour y trouver le mot juste. “... j'aurai honte à l'avenir de parler de liberté et de démocratie.” »

Lodi se taisait. Par habitude, j'essayais de présenter un visage neutre, mais j'avais du mal à y parvenir. La réaction du dalaï-lama m'avait profondément impressionné. Il avait placé le bien-être des étudiants chinois avant l'espoir de ses compatriotes. J'ai promené les yeux autour de moi. Dans le salon, le brouhaha des conversations continuait comme si de rien n'était.

« J'ai éprouvé un formidable respect à l'égard de Sa Sainteté, a repris Gyari. Je me suis senti petit, égoïste. Bien sûr, je le sais aujourd'hui, j'avais raison de croire que la position de Sa Sainteté allait nuire aux négociations. Deng Xiaoping ne le lui a jamais pardonné. Il l'a pris contre lui, comme nous l'avons su plus tard. Mais ce sont des événements comme celui-ci qui me rendent fier de servir Sa Sainteté. C'est un être authentique. Il croit en ce qu'il prône et il agit en conséquence. »

Lodi Gyari et moi bavardions au salon-mezzanine de l'hôtel Holmenkollen depuis plus d'une heure. J'étais suspendu aux lèvres de ce merveilleux conteur. Nous avons perçu une agitation dans le hall. En nous penchant par-dessus la rambarde, nous avons vu Monseigneur Tutu entrer. Lumineux dans sa soutane écarlate, le Sud-Africain affichait un visage fendu d'un large sourire et irradiant la bonne volonté.

Nous nous sommes rassis et Gyari a repris son histoire. « La première visite de Sa Sainteté en Europe date de 1973. À l'époque, j'étais très jeune, très radical. Au milieu de ce séjour de six semaines, nous sommes allés en Suisse. Sa Sainteté résidait dans une maison située près de Zurich. Je commençais à éprouver une certaine frustration car, jusque-là, elle n'avait presque rien dit du Tibet en public.

— Le dalaï-lama parlait de religion ?

— Il parlait de ce dont il parle tout le temps : de responsabilité universelle, de compassion, de bonté. Mais beaucoup de gens voulaient en savoir plus sur le Tibet. Je sentais qu'il n'en faisait pas assez pour les Tibétains. Je me souviens bien de la maison où il logeait. C'était un immense chalet orné de vitraux magnifiques. Un jour, de bon matin, je suis entré dans sa chambre. Il s'est aussitôt aperçu que j'étais agité, que j'avais quelque chose en tête.

— Il vous lisait très bien.

— Oui. Il m'a dit : "Qu'est-ce qu'il y a ?" Je lui ai répondu : "Votre Sainteté, je crois que vous devriez parler davantage du Tibet. C'est une chance formidable. Nous devons alerter le monde sur les souffrances des nôtres." Il a dit : "C'est vrai, oui, je comprends. Mais vous savez, bon nombre de ces personnes ont leurs problèmes. Ils viennent à moi dans le faux espoir que je pourrai alléger leur fardeau, ce qui m'est impossible. Je ne me sens pas le droit de les renvoyer chargés d'un fardeau supplémentaire : le mien." À ces mots, les larmes me sont venues aux yeux. »

Il a marqué une pause en détournant le regard. Ce souvenir l'émouvait. L'heure du départ avait sonné. Debout devant moi, il m'a dévisagé en me disant : « Victor, je suis sûr d'une chose. Sa Sainteté est l'être le plus altruiste que je connaisse. »

Après m'avoir serré très fort dans ses bras, il est sorti pour rejoindre la voiture qui l'attendait. Il allait manquer la majeure partie des festivités organisées à Oslo pour le centenaire du Nobel. Comme toujours, il avait un avion à prendre.

6

Les canards en plastique

Dans la chapelle privée du dalaï-lama, à Dharamsala, un frisson d'exaltation a parcouru l'assistance. Cinq jours durant, l'endroit devait accueillir la dixième Conférence de l'Esprit et de la Vie. Tous les regards étaient braqués sur Stephen Chu, un Américain qui avait reçu le prix Nobel de physique. Assis à droite du dalaï-lama devant un grand vase en laiton qui débordait de fleurs fraîchement coupées, il s'apprêtait à expliquer à son auditoire la relation subtile qui unit les mathématiques à la mécanique quantique.

« Que sont les maths ? » a-t-il demandé au dirigeant tibétain. J'étais pris de court par la question et je voyais qu'il en était de même pour le dalaï-lama. Face à ce silence, Chu s'est exclamé : « Et voilà ! Les maths font peur à la plupart des gens. »

Le public a éclaté de rire. En deux phrases, Chu avait mis tout son monde à l'aise. Eric Lander, le généticien de Boston qui se tenait à la droite du physicien, a croisé ses bras puissants sur sa poitrine. Assis, comme à l'accoutumée, en position du lotus dans un fauteuil confortable, le dalaï-lama a souri en oscillant légèrement de droite et de gauche.

Chu a appuyé sur une touche de l'ordinateur portable qu'il avait posé sur une table basse placée devant lui. Sur l'écran déplié à l'autre extrémité de la pièce est soudain apparue l'image de six canards en plastique jaune : un au premier plan, deux au centre et trois à l'arrière-plan. « C'est de la technique. Ça s'appelle un canard en plastique. On le met dans la baignoire », a poursuivi Chu. Il a alors pointé un rayon laser rouge sur les jouets. « Voilà un canard, deux canards, trois canards. Et on pourrait en rajouter... »

Le public était déchaîné. Lander se donnait des tapes sur les cuisses en hurlant de rire. Chu a failli s'étouffer au milieu de sa phrase. Le mouvement de sa pomme d'Adam proéminente évoquait celui d'un yo-yo. Pendant une minute ou deux, il a perdu tout contrôle de lui et une vague de gaieté a submergé sa frêle silhouette.

Toujours oscillant, le dalaï-lama affichait un sourire qui se teintait d'un certain mystère. Contrairement à son habitude, il avait l'air un peu distant. J'aurais cru qu'il serait le premier à se tenir les côtes.

Thoubten Djinpa, son interprète, s'est penché vers lui pour lui parler en tibétain.

Une pensée m'a traversé l'esprit : peut-être s'agissait-il pour lui d'un défi culturel ? Sans doute n'avait-il jamais joué avec des canards en plastique dans sa baignoire... J'étais presque sûr que personne au Tibet ne connaissait ces accessoires. Il ne comprenait pas le pourquoi de ce chahut, tout simplement.

« Ça se vérifie par l'expérience, hurlait le généticien, encore au paroxysme de la joie.

— En fait, ç'a été vérifié bien des fois, a répondu Chu, qui peinait à retrouver son sérieux. Dans un sens, c'est la réalité. On sait additionner les canards. Si on en a deux et si on en enlève un, on obtient un canard. Mais si on en a un, peut-on en enlever deux ? » Il a tourné les yeux vers le dalaï-lama, levé les épaules et écarté les bras. « Que se passe-t-il dans ce cas ? a-t-il demandé. Eh bien, d'un seul coup, il se passe quelque chose de nouveau. Le processus de soustraction a conduit les mathématiciens à inventer les nombres négatifs. Alors nous avons élaboré des règles – par exemple celles de l'addition et de la soustraction –, ce qui nous a amenés aux nombres complexes... des nombres qui incluent la racine carrée de moins un dans leur conception. Et ce sont ces nombres complexes qui nous permettent de décrire la mécanique quantique. »

Le Bureau privé du dalaï-lama m'avait permis d'assister à la conférence de Dharamsala. Nous étions une cinquantaine – scientifiques, invités et moines – à écouter les orateurs dans cette petite salle de la résidence du dirigeant tibétain. La discussion portait sur le thème « Nature de la matière, nature de la vie ». Parmi les intervenants figuraient des spécialistes mondiaux en matière de théorie de la complexité, de recherche sur le génome, de biologie évolutionniste, de philosophie bouddhique et, bien sûr, de physique. Depuis 1987, le dalaï-lama rencontre régulièrement des neurologues, des physiciens et des philosophes occidentaux. Ces échanges ont donné lieu à plusieurs projets de recherche et suscité de nombreuses publications.

L'esprit de camaraderie des scientifiques et le sens de l'humour de Stephen Chu me plaisaient. Ce physicien à lunettes avait été le corécipiendaire du prix Nobel en 1997. Il avait trouvé le moyen d'utiliser le laser pour refroidir les gaz, en faisant passer les atomes de leur vitesse habituelle, 4 000 km/h à température ambiante, à 2 cm/h. Il les laissait ensuite flotter dans une sorte de piège atomique, où le laser faisait office de « mélasse optique », comme il le disait lui-même.

De toute évidence, son séjour à Dharamsala l'exaltait. L'idée d'expliquer la matière et la vie au dalaï-lama d'un point de vue physique le transportait. Peu avant de se lancer dans sa théorie des canards en plastique, il avait rappelé au dirigeant tibétain leur première rencontre.

« Votre Sainteté, lui avait-il dit, vous vous souvenez peut-être... Nous nous sommes connus il y a six ans à Stanford. Nous avons discuté avec plusieurs personnes depuis le matin jusqu'à l'heure du déjeuner. Cet événement a beaucoup compté dans ma vie. » Il avait prononcé ces derniers mots rapidement, en clignant des yeux. Puis, après s'être repris, il avait poursuivi du ton réservé qui le caractérise : « Depuis mon arrivée, j'ai beaucoup appris. Peut-être un peu de mes collègues occidentaux, mais principalement de vous et des moines tibétains. J'espère, les jours prochains, en apprendre davantage. »

Pour le dalaï-lama, les conférences de l'Esprit et de la Vie devaient permettre de tels échanges de savoirs. Il espérait que les savants ouvriraient de nouveaux horizons à la recherche en apprenant à observer la réalité d'un point de vue bouddhique. Inversement, il croyait que les bouddhistes pourraient bénéficier des avancées utiles de la science moderne.

« Voilà plus de quinze ans que je m'intéresse aux savants et que j'entretiens des relations de proximité avec eux, m'avait-il expliqué. Il me semble qu'un nombre croissant de scientifiques commence à se passionner pour le dialogue avec les bouddhistes. Je ne fais pas ça pour le plaisir, mais parce que c'est utile. Les échanges entre savants et bouddhistes peuvent contribuer à accroître le savoir humain. Depuis deux ou trois ans, nous avons sélectionné certains moines tibétains pour qu'ils fassent des études scientifiques.

Personnellement, je crois que nous avons lancé une bonne action, qui sera source de bienfaits pour la communauté. »

Il avait une autre raison, à laquelle il attachait une extrême importance.

« Tout le monde veut mener une vie heureuse, plus calme, plus paisible, plus satisfaisante. Pour y parvenir, il importe de renforcer le monde intérieur – les émotions, etc. Je ne parle pas de foi, de religion, de paradis, de libération ou d'une vie à venir. Nous voulons plus de bonheur pour l'individu et la communauté. Nous voulons promouvoir les valeurs humaines : l'attention portée à autrui, le sens du partage. Le résultat ? Nous nous ouvrons davantage et nos perspectives s'élargissent. Quand nous rencontrons des problèmes, leur effet dérangeant sur notre paix intérieure est moindre.

« La pensée de l'Inde ancienne offre son savoir et ses techniques à qui souhaite prendre soin de sa vie intérieure. La science a, bien sûr, un rôle formidable à jouer. Mais je sens que l'accroissement des valeurs intérieures est plus important. Prenez les événements survenus le 11 septembre à New York. Ils démontrent que la technologie moderne associée à l'intelligence humaine et guidée par des émotions négatives, comme la haine, peuvent engendrer un immense désastre, faire souffrir beaucoup de monde. Pour utiliser la technologie de façon plus constructive, la paix intérieure est essentielle. C'est la raison principale pour laquelle il faut rapprocher la science moderne et l'ancienne pensée humaine. Côte à côte. C'est une façon d'apporter sa pierre à un monde meilleur. »

Stephen Chu m'avait intrigué lorsqu'il avait rapporté sa rencontre avec le dalaï-lama. De toute évidence, cet événement avait joué un grand rôle dans sa vie. À la fin de sa présentation, je lui ai demandé s'il aimerait nous retrouver, le dalaï-lama et moi, en privé. Il m'a répondu que l'idée d'obtenir une audience ne l'avait même pas effleuré. Il était venu à Dharamsala pour une seule raison : savoir ce que le bouddhisme disait de la physique de pointe. Désormais, l'idée le transportait. Oui, il serait honoré de revoir le dirigeant tibétain.

Le dernier jour de la conférence, Stephen Chu, sa femme Jean et moi étions serrés les uns contre les autres sur un canapé de la salle d'audiences. Le dalaï-lama se trouvait en face de nous. L'Américain d'origine chinoise était simplement vêtu d'une chemise bleu ciel et d'un pantalon beige. Il était chaussé d'immondes tennis – à Stanford, c'était un tennisman invétéré. Tenzin Guéshé, qui ressemblait à un respectable lettré dans sa robe tibétaine grise, était assis à l'écart.

« Hier, quand vous vous êtes exprimé à la conférence, vous avez mis en œuvre la tradition asiatique, lui a aussitôt dit le dalaï-lama. L'humilité. Vous avez reconnu les limites de votre savoir. Mais quand est venue l'explication, vous avez fait preuve d'une pleine et entière autorité.

— Quand nous expliquons, nous autres scientifiques, nous nous rappelons sans cesse que nous connaissons ceci, mais pas cela.

— C'est vrai. J'ai remarqué que les génies scientifiques... sont des observateurs impartiaux. Ils ne recourent pas beaucoup à la projection mentale. Ils essaient toujours de connaître la réalité.

— Oui.

— Donc, vous êtes lauréat du Nobel, d'origine chinoise. Mon vieil ami... » Il m'a montré du doigt. « ... est censé être d'origine chinoise, lui aussi. Mais maintenant on dirait presque une moitié de Chinois ! » Son célèbre rire de baryton a retenti dans la pièce. Dès que l'occasion s'en présentait, il se moquait de mes manières occidentales.

« D'ordinaire, quand je viens voir Sa Sainteté, je suis le seul Chinois parmi tous ces Tibétains. Cette fois-ci, je me sens soutenu », ai-je dit en tapotant le genou de Chu. « Mais il y a une différence : voici un Chinois plutôt intelligent, et en voilà un autre, plutôt idiot. Je comprends parfaitement le numéro des canards en plastique. Mais tout le reste, pour moi, c'est du chinois ! »

Chu a souri en secouant la tête.

Le dalaï-lama s'est penché en avant pour dévisager le savant.

« Avant-hier, un généticien nous a parlé de son centre de recherches à Boston, a-t-il dit. Il nous a expliqué qu'il avait des filiales en Europe et même à Pékin. Je sens que les savants représentent vraiment l'humanité. Rien à voir avec la race, la nation ou l'idéologie... Ils se contentent de mener leur recherche, sans se préoccuper du reste.

— C'est vrai pour la plupart des scientifiques, en tout cas, a confirmé Chu.

— Ce même esprit devrait régner chez les hommes politiques, les dirigeants mondiaux. Parfois, ils se concentrent trop sur leur idéologie, leur nation. Alors surviennent des problèmes inutiles. C'est malheureux. Prenez les Chinois et les Tibétains. Pendant deux mille ans, nous avons eu des relations de proximité. Parfois, nous nous battions, nous nous tuions. Parfois, nous étions bons amis. Aujourd'hui, tout est difficile. »

Il a poussé un soupir avant de poursuivre : « Mon principal souci, ce n'est pas la nation tibétaine, mais la tradition tibétaine : ce mélange de bouddhisme, de logique et de philosophie. C'est une culture non seulement antique, mais aussi sage et adaptée au monde actuel – comment mieux connaître nos émotions, comment les transformer. Je crois que la préservation de la spiritualité tibétaine intéresse non seulement six millions de Tibétains, mais aussi la communauté au sens large. Surtout nos frères et sœurs chinois. Ils ont perdu tant d'éléments de leur riche patrimoine. La tradition du bouddhisme tibétain peut apporter sa contribution. Sa sauvegarde sera source de bienfaits mutuels.

— Professeur, suis-je intervenu en m'adressant à Chu, vous avez de sérieux contacts avec la communauté académique de Chine. Selon vous, que pensent les Chinois du Tibet ?

— La plupart des gens tirent leurs informations sur le Tibet de sources contrôlées par les autorités. Ils disent : "Nous devons faire attention : le dalaï-lama est très rusé." Pas les professeurs, mais certainement les jeunes gens. Et pourtant, ça change. Le gouvernement a de plus en plus de mal à contrôler la presse, surtout l'internet. Il a essayé de se débarrasser de Google. Pendant plusieurs semaines, les autorités ont tenté de faire passer toutes les recherches par des moteurs de recherche gouvernementaux. Ça a raté. Trop de gens savaient contourner le système.

— Par ailleurs, un nombre croissant de Chinois se rendent au Tibet, a ajouté le dalaï-lama. Avant, en touristes. Maintenant, beaucoup viennent en pèlerins. On m'a appris récemment que les moines tibétains de Lhassa gagnaient six mille yuans par an. C'est-à-dire...

— Environ huit cents dollars américains, ai-je glissé.

— Non... Je voulais dire... » Le dalaï-lama était visiblement frustré de ne pouvoir se faire comprendre.

Il s'est tourné vers Tenzin Guéshé et lui a parlé en tibétain.

"Sa Sainteté dit que les offrandes faites aux moines équivalent presque..." a commencé Guéshé.

— Non, non, non », l'a interrompu le dalaï-lama. Il avait enfin trouvé le moyen d'exprimer sa pensée. « L'argent que les moines reçoivent chaque année des touristes chinois est presque égal au salaire des cadres du parti qui travaillent pour le gouvernement. Le revenu des moines provient non des Tibétains, mais principalement des pèlerins chinois. Si la situation des Tibétains est difficile, s'ils subissent une forte répression, ils exploitent aussi les Chinois sur le plan financier. » Et il s'est mis à hurler de rire.

Jean Chu semblait hypnotisée par cette manifestation de joie débridée. Tenzin Guéshé, qui est d'ordinaire un modèle de retenue, affichait un large sourire.

« C'est bon signe, a repris le dalaï-lama. Certains lamas tibétains délivrent leurs enseignements à beaucoup de Chinois. Un lama de l'est du Tibet a ordonné six cents bouddhistes chinois. Des indices démontrent que de nombreux Chinois s'intéressent sincèrement à la culture tibétaine. Nous devons nous faire d'autres amis chinois. Les mieux placés pour ça sont les Chinois américains et canadiens. »

Chu paraissait songeur. « Je vais en Chine, peut-être une fois par an, et je vois de plus en plus de gens prêts à discuter des vrais problèmes, a-t-il déclaré. En groupes, comme nous ici, ils parlent de l'action gouvernementale. Je peux sans doute lancer une discussion sur le Tibet... » Il a hésité avant de se jeter à l'eau : « Et demander pourquoi nous n'avons pas eu cette discussion avant. Ce n'est pas seulement la culture tibétaine, c'est aussi Falun Gong, tout ce qui relève du spirituel...

— Très juste », a acquiescé le dalaï-lama.

Chacun s'est tu un moment. La pièce était plongée dans un silence qui n'avait rien de pesant. Je me suis alors souvenu que je devais poser une autre question à Stephen Chu.

« Hier, pendant votre présentation, vous avez dit que votre rencontre avec le dalaï-lama à Stanford avait beaucoup compté dans votre vie. Pourquoi ? »

Il s'est adressé au dalaï-lama. « C'était la première fois que je vous approchais. Avant, j'avais lu votre biographie. Je ne savais vraiment pas à quoi m'attendre. En tant que scientifique, j'étais un peu sceptique. Nous verrons bien, me suis-je dit. Et puis... la façon dont vous vous êtes comporté. Vous avez tout de suite souri. Certaines choses qu'on m'avait dites de vous étaient vraies. Ça m'a frappé. Je vous ai vu comme une personne très chaleureuse, très douce, quelqu'un qui aime vraiment autrui, même les inconnus. Je l'ai aussitôt senti lors de cette rencontre. Le fait que vous puissiez projeter ça en si peu de temps a eu un profond impact sur moi. »

Il a marqué une pause. « J'ai un étudiant dans mon laboratoire, a-t-il repris. Très intelligent. Il a grandi à Hong Kong. Je lui ai dit : "Je vais voir le dalaï-lama." Il s'est un peu énervé. Il a dit que le dalaï-lama était sans doute un politicien hypocrite. »

Tout le monde a ri dans la pièce. Il a poursuivi :

« Je lui ai dit : "J'ai déjà rencontré des politiciens. Ils se comportent tout autrement." Il m'a répondu : "Mais c'est un chef d'État." Je lui ai dit : "Oui, mais je ne crois pas que ce soit un politicien." »

Le dalaï-lama a changé de position. Assis au bord de son siège, penché en avant, les avant-bras confortablement appuyés sur les genoux, il avait les yeux dans le vague. Puis il a raconté cette anecdote :

« Il y a longtemps, j'ai rencontré un Chinois qui étudiait le bouddhisme chinois – Confucius. Il travaillait en Amérique. Ses amis, des hommes d'affaires chinois de New York, lui avaient dit : "Le dalaï-lama n'est pas un religieux, c'est surtout un politicien. D'autres lamas tibétains sont de vrais maîtres spirituels, mais pas le dalaï-lama." Il hésitait donc à assister à mon enseignement. Et pourtant, il est venu par curiosité. Alors il a remarqué que le dalaï-lama était très honnête, très compatissant. Il en a appris davantage sur mon compte et il a observé de près mon comportement. Il a fini par devenir un ami spirituel. Il dit que je suis son maître. C'est moi qui l'ai ordonné. Les communistes, mais aussi les gens en général, se font des idées fausses. Parce que je suis responsable du Tibet, les médias ont donné l'impression que le dalaï-lama n'était pas simplement un moine bouddhiste, mais surtout un homme politique. »

Il s'est tu pour mesurer l'effet de ses paroles, puis il a repris : « Un homme politique coriace, j'espère. »

Quand le rire est retombé, il s'est tourné vers Jean Chu, qui restait tranquillement assise. « Vous avez quelque chose à dire ?

— Nous sommes allés voir le village des enfants tibétains hier soir, a-t-elle déclaré. Ce qui m'a le plus impressionnée, c'est la façon dont vous avez réussi à préserver votre culture, ici, à Dharamsala. Vous avez quitté votre patrie, mais vous êtes parvenus à conserver votre identité. Je crois que c'est un exemple formidable pour les autres. »

Le dalaï-lama a ouvert la bouche, puis s'est ravisé. Il s'est adressé à Tenzin Guéshé en tibétain.

« Ce commentaire est très encourageant, a déclaré l'interprète.

— Oui, a confirmé le dalaï-lama. Depuis le début,

il y a quarante-trois ans, la sauvegarde de la culture tibétaine est notre préoccupation majeure. Nous avons fondé des écoles, des villages d'enfants, etc. Nous avons créé des colonies tibétaines distinctes en Inde du Sud sur le même principe : conserver notre culture. Aujourd'hui, je suis fier de le dire, la tradition tibétaine pure, le savoir bouddhique pur, existent hors du Tibet.

— Ici, nous avons constaté que le bouddhisme était très ouvert. C'est merveilleux, a ajouté Jean. Il est capable d'accepter un mode de pensée différent et de l'incorporer à la société pour qu'elle s'en trouve enrichie.

— Merci, a conclu le dalaï-lama. C'est pourquoi tous les jeunes Tibétains qui vivent en Inde rêvent d'aller en Amérique ! »

Il est parti de son rire profond. L'heure était venue de remonter la colline jusqu'à la salle de conférences.

7

Des diamants sur la Toile

Après être descendu de l'Ambassador blindée blanche, le dalaï-lama s'est hâté de rejoindre le podium de fortune qui était érigé près de l'imposant stupa de Sarnath. Quelques centaines de pèlerins et de moines étaient rassemblés pour recevoir son enseignement. On était en janvier. Le dirigeant tibétain venait de commencer un rare pèlerinage à destination des sites bouddhiques les plus sacrés de l'Inde, dont Sarnath constituait la première étape. Vêtus de leur robe bordeaux reconnaissable entre toutes, une vingtaine de grands lamas, de gros bâtons d'encens à la main, se tenaient au bord du chemin pour lui souhaiter la bienvenue.

La posture du dalaï-lama m'a frappé : tout en les rejoignant, il était presque plié en deux. Comme de nombreux moines tibétains, il a des épaules rondes, projetées en avant, qui évoquent celles d'un bossu – ce langage corporel inconscient, destiné à exprimer l'humilité, s'est figé avec le temps. Il a salué les religieux les plus illustres du bouddhisme tibétain avec chaleur et simplicité. Chacun de ces maîtres spirituels, pourtant d'un âge vénérable, semblait vouloir s'incliner plus bas que son voisin.

Pendant qu'il s'approchait du trône orné de soucis qui était placé sur le podium, le dirigeant tibétain s'est arrêté pour regarder le monument. Cette structure à neuf niveaux, d'un aspect insolite, présente une vague ressemblance avec une gigantesque fusée soviétique à un étage, à cette différence près que son sommet est plat, et non pointu. C'est un miracle si l'édifice, vieux de deux cents ans et battu tous les étés par la mousson, tient encore debout. Totalement entouré d'échafaudages en bambou, il se préparait à une rénovation de grande envergure. Sur les barreaux inférieurs, des pèlerins avaient noué de nombreuses écharpes blanches en guise d'offrandes.

Ce stupa est érigé à l'endroit où le Bouddha a délivré son premier sermon, aussitôt après être parvenu à l'Éveil sous l'arbre de la bodhi, à Bodhgaya. Pour de nombreux pratiquants, Sarnath est le berceau du bouddhisme. Mille cinq cents ans après la mort du Bouddha, sa religion était encore florissante en Inde. Ensuite sont venues les invasions musulmanes... Toutefois, depuis trois décennies, Sarnath est redevenu un haut lieu de la pensée bouddhique. On y a construit une dizaine de temples et de monastères qui représentent toutes les branches du bouddhisme. À la saison des pèlerinages, les fidèles s'y rendent en masse.

Le dalaï-lama m'avait appris que cet endroit suscitait une forte émotion en lui. Il y a effectué un pèlerinage peu après avoir quitté le Tibet, en 1959. Deux mille Tibétains qui avaient traversé l'Himalaya quelques semaines plus tôt l'attendaient devant le grand stupa. Ils étaient dans un état pitoyable. La plupart d'entre eux avaient perdu des proches en chemin. Certains souffraient de terribles gelures. Munis de leurs seuls vêtements et de quelques objets récupérés à la hâte, ils étaient arrivés dans la plaine surchauffée de

Sarnath et avaient dressé des étals de fortune pour gagner de quoi survivre.

Lorsqu'il a vu cette foule, le dalaï-lama, alors âgé de vingt-quatre ans, s'est effondré. Tout ce qu'il avait vécu au cours de ces quelques mois – le renforcement de la répression chinoise à Lhassa, la fuite déchirante à travers les montagnes, la prise de conscience de son statut de réfugié – s'est cristallisé à cet instant. Les émotions contraires qu'il avait contenues ont éclaté. Et il a pleuré comme jamais auparavant.

Ma toute première rencontre avec le dalaï-lama a eu lieu en mars 1972. Je me souviens encore de mon appréhension. Je ne savais presque rien des relations sino-tibétaines, hormis ceci : pendant qu'ils occupaient le Tibet, les Chinois avaient tué bon nombre de ses habitants. J'appréhendais la réaction du dirigeant tibétain à mon égard. Après tout, j'étais le premier Chinois à prendre place en face de lui depuis son exil, dix ans auparavant.

« Comme vous vous en souvenez peut-être, lui ai-je dit lors de l'entrevue qu'il m'a récemment accordée à Dharamsala, lors de ma première audience avec vous, en 1972, j'étais taraudé par la question de savoir si vous haïssiez les Chinois. Vous m'avez répondu que non, que vous leur aviez vraiment pardonné. Votre Sainteté, vous aviez perdu votre pays treize ans plus tôt. Votre magnanimité m'a beaucoup surpris.

— C'est l'entraînement bouddhique, m'a-t-il répondu. Je ne suis pas le seul dans ce cas. Beaucoup de pratiquants tibétains adoptent cette attitude. Le pardon et la compassion sont des éléments importants de la pratique.

— Que ressentez-vous pour les Chinois aujourd'hui ?

— Je crois que vous l'avez remarqué lors des enseignements que j'ai délivrés à Taïwan. Qu'ils soient religieux, hommes de la rue, officiels ou gardes du corps, je suis très chaleureux avec tous les Taïwanais. Cette réaction vient peut-être du fait que, depuis mon enfance dans le nord-est du Tibet, je baragouine le chinois. C'est ainsi. Si un Chinois me témoigne une réelle amitié, ma réaction sera automatique à cause de cela. Mais de toute façon, où que j'aille, qui que je rencontre, Africain, Indien, Chinois ou Européen, il n'y a pas grande différence, il me semble... »

Je n'ai rien dit, mais je ne croyais pas que c'était tout à fait exact. Selon moi, le dalaï-lama a toujours favorisé ses contacts avec les Chinois, surtout ceux du continent. Il s'investit considérablement dans ces rencontres, qui lui valent souvent des émotions fortes. Je me souvenais de son entretien avec Wang Lixiong, le célèbre écrivain, à Washington. Wang est le premier Chinois à avoir abordé ouvertement et de manière impartiale le thème de la situation actuelle du Tibet.

Leur rencontre s'est révélée insolite. Au lieu de recevoir Wang dans la suite de son hôtel, comme d'habitude, le dalaï-lama l'avait attendu près de l'ascenseur. Il était entouré de ses gardes du corps et de ses principaux assistants. Il réserve ce signe de respect à peu de personnes – tout du moins, j'en ai rarement été témoin. Il a accueilli Wang avec chaleur, et en chinois : « *Ni hao.* » Puis il l'a pris par la main et l'a emmené dans sa suite. Ils se sont assis sur des canapés, près du Steinway noir, et se sont regardés en silence. Un moine en robe bordeaux et un écrivain en veste chinoise bleu marine... Soudain, le dalaï-lama a tendu la main pour attirer Wang à lui. Il a fermement appuyé son front sur celui de l'écrivain. Vingt secondes se sont écoulées. Lorsqu'ils se sont séparés, le Chinois a vu que les yeux du Tibétain étaient humides. Plus tard, il a raconté leur conversation dans un livre : « Peut-être m'a-t-il pris pour le représentant des Chinois qui, pendant des générations, ont vécu sur la terre proche des Tibétains. Bien qu'il ait rencontré quelques Chinois dans le passé, c'étaient surtout des *émigrés* [1] qui n'avaient plus leurs racines en Chine. »

Le dalaï-lama a repris le fil de notre conversation. « Pourquoi cette chaleur envers les Chinois ? Toute ma pensée, tous mes sentiments se fondent sur l'interdépendance. Par exemple, quand j'étais à Taïwan, j'ai rencontré les chefs du PPD [le Parti progressiste démocratique, au pouvoir dans l'île]. Je leur ai dit que je ne cherchais pas l'indépendance du Tibet et qu'ils devaient sérieusement réfléchir à leurs liens avec la Chine. Taïwan a besoin d'une relation de proximité particulière, unique, avec la Chine, pour des raisons économiques, de défense, etc. La planète tout entière est interdépendante. Sur le plan économique, environnemental, le Tibet dépend fortement de la Chine. Si les Chinois sont plus prospères, les Tibétains en profiteront – à condition de faire partie de la Chine. Si nous nous séparons, à long terme, les Tibétains éprouveront davantage de difficultés.

« J'adopte une position médiane : ne pas se séparer de la Chine, rester économiquement lié à la RPC [République populaire de Chine], mais obtenir une entière autonomie. Les Tibétains géreront mieux la culture, l'éducation, l'environnement et la spiritualité. Je suis certain que nos traditions, notre spiritualité, peuvent aider des millions de Chinois. Déjà, certains artistes, certains penseurs chinois s'intéressent au Tibet et au bouddhisme tibétain. Le Tibet et la Chine,

1. En français dans le texte *(NdT).*

non séparés, doivent s'aider l'un l'autre, dans l'interdépendance. »

Comme tant d'autres questions auxquelles il attache une extrême importance, sa politique sino-tibétaine est influencée par sa conception bouddhique de l'interdépendance. Il a acquis cette certitude peu avant d'atteindre la trentaine. Pour lui, la réalité de la vie rappelle la célèbre Toile d'Indra de la mythologie antique. On considère l'univers comme une immense toile tissée d'innombrables fils. À chaque croisement est fixé un diamant aux multiples facettes. Chacun reflète à la perfection les autres, comme dans un palais des glaces, et chacun jouit d'une relation ineffable avec les autres. Toute perturbation survenant à un endroit produit un effet qui, telle une onde, se répercute, parfois avec subtilité, ailleurs. On pense aussitôt à l'effet papillon : un battement d'aile de papillon à Pékin provoque de minuscules modifications atmosphériques qui, avec le temps, peuvent affecter les schémas météorologiques de Vancouver.

Sur un plan humain, mes filles ne dormiront pas bien dans leur lit si les enfants de Kaboul ou de Bagdad ne sont pas en sécurité dans le leur. Pour le dalaï-lama, la réalité de la vie est un tout dont chaque élément est relié aux autres. Rien n'existe en soi. Un célèbre dicton tibétain affirme qu'à un moment donné, tous les êtres ont été nos mères, et nous les leurs. Il nous incite à nous réfréner et à considérer toujours plus le bien-être d'autrui. Je saisissais intuitivement l'idée, mais je me débattais toujours pour la comprendre en profondeur.

Le dalaï-lama a poursuivi : « La destruction et la mort ont frappé le Tibet. Ce sont des expériences douloureuses. Mais la vengeance... crée encore plus de malheur. Adoptons un point de vue plus large :

puisque la vengeance est mauvaise, mieux vaut pardonner. Le pardon ne signifie pas l'oubli du passé. Non, on se souvient du passé. Il faut comprendre que, si ces souffrances se sont produites, c'est que l'étroitesse d'esprit se trouvait des deux côtés. Maintenant, le temps s'est écoulé. On se sent plus sage, plus développé. C'est la seule façon, je crois.

— Comment renforcez-vous le pardon ?

— D'abord, de par ma propre expérience, je pense aux autres, y compris à mes prétendus ennemis. Ce sont aussi des êtres humains. Ils ont le droit d'être heureux et d'éviter la souffrance. Tout le monde aime la sympathie, le sourire. Personne n'aime le crime, le sang. Ensuite, mon avenir et mon intérêt sont associés aux leurs. Par exemple : mon pays et mon peuple sont liés de près à la Chine et aux Chinois. Notre avenir dépend fortement d'eux. Prendre soin d'eux, c'est en définitive prendre soin de nous.

— Mais en quoi les Chinois vous affectent-ils ? L'invasion chinoise a sans doute entraîné des tragédies qui vous ont personnellement touché ?

— Pas tellement. Mais j'ai entendu parler, par exemple, d'un Tibétain qui a été incarcéré dans une prison chinoise. Il vit toujours, au Népal. Il m'a dit qu'il y avait un garçon tibétain dans sa prison. » Il a changé de position. Assis au bord de son fauteuil profond et confortable, il a posé les mains sur les accoudoirs.

« Cet enfant avait alors seize ans. D'après la Constitution chinoise, il n'avait pas l'âge d'être puni. Mais il se trouvait en prison et il allait être exécuté parce que son père avait combattu les Chinois. Un jour, des soldats sont arrivés avec des fusils. Un officier a trouvé une barre de fer, il l'a ramassée et il a battu le garçon dont le père avait tué certains de ses soldats. Par esprit de vengeance, pour se faire plaisir, il a battu le garçon qui de toute façon allait mourir.

Quand j'ai entendu ça... » Il a porté les mains à ses yeux. « J'ai pleuré. »

Cette histoire tragique m'avait ému. Quelles horreurs les adultes ne font-ils pas subir à de jeunes innocents ! À cet instant, j'éprouvais surtout de la honte. J'étais dégoûté, je me sentais coupable – par association. Comme bien des Chinois de ma connaissance, j'ai l'habitude de m'identifier au comportement de mes compatriotes, où qu'ils vivent. Quand j'ai lu, à Vancouver, qu'un restaurant chinois de Shanghai servait du chien à ses clients, mes dents se sont mises à grincer malgré moi.

« En quoi l'histoire de ce garçon affecte-t-elle votre opinion des Chinois ? Où le concept d'interdépendance trouve-t-il sa place ? ai-je demandé après un moment de silence.

— D'abord, j'ai éprouvé de la colère. Ensuite, j'ai plaint l'officier. Son geste dépend de sa motivation, qui dépend elle-même de la propagande. À cause de la propagande, le père contre-révolutionnaire est considéré comme un mal. Éliminer le mal est positif. Cette sorte de croyance est une fausse croyance. On ne peut condamner cette personne. Dans ces circonstances, même moi je pourrais agir comme elle. Pendant que je pensais ainsi, le pardon et la compassion ont remplacé la colère. L'interdépendance explique tout : ceci est arrivé à cause de cela et cela est arrivé à cause de ceci. C'est clair ? »

Il a une aptitude étonnante à se mettre à la place d'autrui, surtout s'il s'agit d'un ennemi. Comme il me l'a déjà dit, il considère ses adversaires comme ses maîtres les plus estimables. Il aime ses amis. Mais il pense que nos ennemis nous lancent les défis qui nous permettent de cultiver des qualités comme le pardon et la compassion, les deux composantes essentielles de la paix de l'esprit.

« L'essence du bouddhisme, c'est d'un côté la compassion, et de l'autre la conscience de l'interdépendance, a-t-il repris. Je dis toujours qu'il est très important de distinguer l'acteur de l'acte. Nous devons nous opposer à une mauvaise action, ce qui ne veut pas dire que nous soyons contre la personne qui la commet. Une fois l'action accomplie, une autre survient et cette personne peut devenir un ami. Aujourd'hui, les Chinois sont des ennemis. Demain, il y aura toujours une possibilité de devenir amis. C'est pourquoi je n'ai aucun mal à pardonner aux Chinois ce qu'ils ont fait à mon pays et à mon peuple. »

Il s'est détendu et s'est renfoncé dans son fauteuil. Puis, spontanément, il a ajouté : « Si j'avais été présent, face à l'officier chinois qui a frappé le garçon... Et si j'avais tenu une arme, je ne sais pas ce que j'aurais fait. » Sa main droite reposait sur son ventre. Il l'a levée comme s'il s'agissait d'un revolver. Un sourire malicieux est apparu sur ses lèvres.

« Dans un moment pareil, j'aurais pu tuer le Chinois », a-t-il dit en haussant les épaules. Il a écarté les bras et s'est mis à rire.

Je n'en avais pas envie. J'avais peine à imaginer ce scénario. Je lui ai demandé : « Même en tenant compte de votre entraînement bouddhique ?

— Dans des circonstances aussi tendues, c'est possible. Parfois, la pensée vient après, et l'action d'abord. »

8

Un fusil dans la chambre

Un beau soleil d'après-midi chauffait les ruines de l'antique université de Nalanda. Le dalaï-lama et une centaine de moines étaient assis, occupés à dire des prières, sur le terrain herbeux au fond duquel se dressait un stupa haut de 58 mètres. Venus de Sarnath, ils poursuivaient leur pèlerinage sur les lieux où d'éminents bouddhistes indiens avaient étudié et enseigné. Le dirigeant tibétain n'avait pas revu ce site depuis plus de vingt ans.

Comme tombé du ciel, un chien blanc est apparu. Il s'est dirigé en trottinant vers l'assemblée, a choisi une place non loin des moines et s'est assis, la tête penchée d'un air interrogateur vers le dalaï-lama. Après être resté un moment à écouter la psalmodie des voix graves, il s'est couché et s'est endormi.

Je me suis avancé vers le stupa de brique rouge. Vieux de mille ans, cet édifice ressemble à un gigantesque escalier qui ne mènerait nulle part. Après avoir franchi des murs à moitié écroulés, j'ai atteint une petite chapelle au toit effondré. Une niche s'ornait d'un relief délicatement sculpté, en parfait état de conservation, qui représentait une élégante déité. Ses hanches et ses épaules obliques suggéraient le mouvement. Sur son visage en forme de cœur se dessinait un doux sourire. Une paix intérieure palpable se dégageait d'elle. Immobile, j'ai écouté les prières apaisantes des Tibétains.

Le dalaï-lama sait ce que le bouddhisme tibétain doit aux maîtres du bouddhisme indien qui ont fréquenté les lieux du IIe au IXe siècle (l'âge d'or de la pensée indienne). Nalanda était alors la plus grande et la plus célèbre université du pays. Les souverains Gupta et Pala étaient des mécènes tout acquis à la cause bouddhique. Pendant mille ans, Nalanda, le Harvard de l'époque, a attiré les esprits les plus brillants de l'Asie. À son apogée, elle abritait dix mille étudiants et mille cinq cents enseignants. À la fin du XIIe siècle, les armées musulmanes ont déferlé sur la région. Les moines ont été massacrés et leurs bibliothèques, qui renfermaient un nombre considérable de manuscrits, ont été incendiées.

D'après le dalaï-lama, le bouddhisme tibétain que nous connaissons aujourd'hui n'aurait pas vu le jour sans cette institution. « Tous les textes que nous apprenons par cœur ont été écrits par les maîtres de Nalanda, m'a-t-il un jour expliqué. Le nom de ces gens, surtout Nagarjuna, qui a vécu au IIe siècle, est très présent à notre esprit. Ils sont très vrais. Notre pratique repose sur leurs œuvres. »

Développant la pensée du Bouddha, Nagarjuna a élaboré une théorie de la réalité qui se fonde sur l'idée d'interdépendance. Plusieurs décennies durant, le dalaï-lama a intégré l'essence même de ce concept. Aujourd'hui, c'est l'interdépendance qui conditionne son action et le regard qu'il porte sur la vie.

Cette notion n'est pas des plus faciles à appréhender. Pour me la présenter, le dalaï-lama s'était appuyé sur sa vision d'une coexistence pacifique avec les Chinois. Je l'avais suivi à Nalanda, où il souhaitait rendre hommage à Nagarjuna, et je voulais qu'il aille plus loin dans son raisonnement. Comme d'habitude, le moine Lhagdor, son interprète, nous accompagnait.

Avant de commencer son explication, le dalaï-lama a délacé ses chaussures anglaises marron, il les a posées de côté et s'est assis en position du lotus sur son siège. Il allait conserver cette posture pendant les deux heures que durerait notre entretien. L'interdépendance est l'un de ses sujets préférés. L'idée d'en débattre en profondeur le ravissait.

« La théorie de l'interdépendance nous permet d'adopter une perspective plus vaste, a-t-il déclaré. Quand l'esprit est plus large, l'attachement aux émotions destructrices, comme la colère, est moindre. Il y a donc davantage de place pour le pardon. Dans le monde d'aujourd'hui, toutes les nations sont fortement interdépendantes, interconnectées. Dans ces conditions, détruire son ennemi – son prochain –, c'est se détruire soi-même à long terme. Nous avons besoin de notre prochain. L'accroissement de sa prospérité rejaillira sur nous.

« Nous ne parlons pas de l'anéantissement des sentiments tels la colère, l'attachement ou la fierté, mais de leur amoindrissement. L'interdépendance est importante, car ce n'est pas un simple concept. Elle contribue réellement à atténuer la souffrance due à ces émotions destructrices.

« La théorie de l'interdépendance est une compréhension de la réalité. Nous sommes conscients du fait que notre avenir dépend du bien-être mondial. Cette opinion favorise la largesse d'esprit. Plus qu'un autre, un esprit étroit est susceptible d'éprouver de l'attachement et de la haine. Je crois que c'est ce que la théorie de l'interdépendance a de mieux : elle explique la loi de la nature. Elle affecte profondément, par exemple, l'environnement. »

Il s'agit là d'un principe fondamental du bouddhisme et de l'écologie. Les éléments du tout sont interconnectés de façon insondable, mais tangible. En définitive, toute chose dépend d'une autre. Nous sommes tous pris dans la Toile d'Indra.

Cette idée m'a rappelé une anecdote relative à Darwin, auteur d'une théorie selon laquelle les vieilles filles qui aiment les chats avaient fait de Londres l'une des villes les plus agréables au monde. Voici le raisonnement qui lui avait permis d'aboutir à cette conclusion : les nombreux chats de ces femmes nuisaient à la prolifération des rats. Les bourdons ne s'en portaient que mieux, car leurs nids souterrains subissaient moins les assauts de la vermine en maraude. Davantage de bourdons équivaut à davantage de pollinisation. Pour Darwin, plus les vieilles filles qui aiment les chats étaient nombreuses à Londres, plus la capitale était fleurie.

Dans cette même optique, le maître bouddhiste vietnamien Thich Nhat Hanh écrivait : « Si vous êtes poète, vous verrez un nuage dans cette feuille de papier. Sans nuage, il n'y a pas de pluie ; sans pluie, les arbres ne peuvent pousser ; et sans arbres, on ne fait pas de papier. »

Avec le temps, j'ai remarqué que le Bureau privé du dalaï-lama était très chiche de son papier. Quand il m'envoie des documents, ceux-ci sont invariablement imprimés sur l'autre face d'une feuille usagée. Fanatiques du recyclage, les secrétaires particuliers de Sa Sainteté veillent scrupuleusement à ne pas offenser la sensibilité écologique de leur employeur.

J'imagine que le dalaï-lama situe ce modeste effort

dans un contexte d'interdépendance. Depuis plusieurs décennies, son Bureau privé est parvenu, grâce à ses efforts, à sauver quelques arbres. Plus d'arbres, c'est un habitat amélioré pour les autres plantes. Plus d'arbres et de plantes, c'est plus d'inspiration pour le poète. Un poète qui vit dans un environnement luxuriant écrit des poèmes plus nombreux et plus beaux ; en vertu de quoi les librairies spécialisées dans la poésie sont bien approvisionnées. Parce que le dalaï-lama tient à économiser le papier, les amateurs de poésie du monde entier sont comblés.

J'ai interrompu cette rêverie pour lui demander : « Comment en êtes-vous arrivé à comprendre la notion d'interdépendance ?

— Au fil des années. La progression spirituelle demande du temps. Ce n'est pas allumer la lumière, mais plutôt attiser un feu. On commence par une étincelle, elle grandit et donne davantage de lumière. Il en va ainsi de toutes les transformations mentales. Ce n'est pas : jusqu'à un certain stade, une certaine date, tout est noir... et d'un seul coup, tout est clair. C'est graduel. Au début, on ne remarque rien. Je dis souvent : on ne mesure pas le résultat de la progression spirituelle en semaines, en mois ou en années. Mais si on compare l'expérience d'aujourd'hui à celle d'il y a dix ou vingt ans, alors on perçoit un changement. Ça s'applique aussi à moi.

— Quelle est votre situation actuelle ?

— Je médite sur l'interdépendance ou je l'analyse depuis de nombreuses années. Elle m'est devenue familière. Quand j'observe les choses, elles changent dès que je me remémore la vérité de l'interdépendance. Cette sensation vient sans grand effort, presque automatiquement. Un exemple : en Mongolie, la grande réunion... » Il a fini sa phrase en tibétain.

« Sa Sainteté se trouvait à Oulan-Bator, a traduit Lhagdor. Pendant ses enseignements, lorsqu'elle réfléchissait à l'interdépendance, elle voyait le manque de tangibilité chez les gens placés devant elle et chez elle. Rien n'était concret, tout était mêlé. Sa Sainteté a eu le fort sentiment d'être directement connecté au public. C'était comme si ses limites personnelles s'étaient dissoutes. »

Cette anecdote m'a rappelé les travaux d'Andrew Newberg et Eugene d'Aquili, deux scientifiques américains qui ont longtemps étudié la relation entre le vécu religieux et les fonctions cérébrales. Leur expérience la plus connue faisait appel à un méditant confirmé, un jeune bouddhiste américain prénommé Robert. Celui-ci a commencé une séance de méditation dans un laboratoire plongé dans l'obscurité. Il avait le majeur attaché à une longue ficelle dont les scientifiques, qui attendaient dans une autre pièce, tenaient l'autre extrémité.

Une heure plus tard, Robert a tiré sur la ficelle pour faire savoir qu'il se trouvait en état de méditation profonde. Au moyen d'une perfusion, on lui a alors injecté dans les veines un traceur radioactif. La teinture s'est diffusée dans son système sanguin et elle a coloré les cellules de son cerveau. À l'aide d'un appareil photo de haute technologie, les savants ont obtenu des clichés de son activité cérébrale. Ils ont alors remarqué un élément insolite : alors que Robert était plongé au plus profond de sa méditation, son lobe pariétal supérieur postérieur, surnommé « aire associative de l'orientation », ou AAO, présentait une activité remarquablement réduite.

Dans le cerveau, l'AAO fait à la fois office de gyroscope, de radar et de système GPS. À mesure que nous vaquons à nos occupations quotidiennes, elle sert de superordinateur qui calcule en permanence les coordonnées sans cesse changeantes de notre corps en relation à notre environnement. C'est elle qui nous permet de négocier la traversée d'un restaurant bondé ou de circuler à bicyclette dans les embouteillages.

Grâce à leurs précédentes recherches, Newberg et d'Aquili avaient appris que l'AAO fonctionnait en continu. Pourquoi celle de Robert accusait-elle cette baisse d'activité ? Une seule explication s'imposait : l'apport sensoriel au sein de l'AAO était bloqué dès que le sujet atteignait un stade transcendant de sa méditation. Privé de données, le superordinateur peinait à définir les limites physiques de Robert. Il ne pouvait que tirer cette conclusion : le méditant n'avait aucune limite, il faisait un avec tout ce qui l'entourait, les gens, les choses, les circonstances.

Quand on a demandé à Robert ce qu'il ressentait lors de cette phase de sa méditation, il a répondu : « J'ai l'impression de faire partie de toute chose et de toute personne existante. Je suis relié à tout. » C'était précisément ce que les maîtres spirituels et les yogis affirmaient depuis des siècles. Par ailleurs, ces propos ressemblaient étonnamment à ceux que le dalaï-lama venait de me tenir : quand il se concentre sur l'interdépendance, il voit le monde différemment. Dans ces moments de lucidité spirituelle, les objets et les êtres semblent manquer de solidité, les angles s'arrondissent et les limites physiques qui le séparent des autres deviennent floues. Grâce à ce phénomène, il perçoit un lien beaucoup plus profond entre lui et autrui.

« Vous m'avez dit n'avoir besoin que de penser pour faire l'expérience de l'interdépendance, lui ai-je déclaré. Prenons, par exemple, vous et moi. Quand vous pensez à l'interdépendance, suis-je différent, même de façon subtile, à vos yeux ?

— Vous êtes toujours un être humain, mais... pas tel qu'il y paraît, pas concret. Souple. Le lien entre nous est plus puissant, la compassion se renforce. » Il a réfléchi un moment, avant de s'adresser de nouveau à Lhagdor en tibétain.

« Par cette compréhension de la réalité interconnectée, a traduit l'interprète, vous prenez conscience du fait que ce qui arrive de bon aux autres sera source de bienfaits pour vous, sinon immédiatement, du moins plus tard. S'ils souffrent, vous souffrirez. Vous êtes donc plus apte à éprouver de l'empathie, même avec des gens venus d'horizons très différents. La compassion à leur égard vient facilement.

— Prenons Saddam Hussein, a repris le dalaï-lama. J'ai l'impression que, aux yeux du président Bush, Saddam est cent pour cent négatif, concrètement négatif, que la seule solution, c'est de l'éliminer. Mais la réalité est tout autre.

— Quelle est-elle ?

— Elle comporte deux niveaux, me semble-t-il. Au niveau conventionnel, Saddam Hussein n'est pas cent pour cent mauvais depuis sa naissance. Il n'est pas constamment méchant. » Il a entouré de ses mains une sphère imaginaire. « Cette méchanceté est due à beaucoup d'autres facteurs, pas seulement à lui. Elle n'est donc pas indépendante. Elle dépend de nombreux facteurs, dont les Américains eux-mêmes. Pendant la guerre du Golfe, tout le monde le condamnait. Je trouvais cela injuste et mon cœur allait vers lui. »

Son cœur allait vers Saddam Hussein ? Vers un homme qui avait fait le malheur de millions de personnes ? Voilà qui mettait en lumière une vérité singulière chez le dalaï-lama. Sa vision du monde, son mode de fonctionnement spirituel – aussi rationnel et inspirant soient-ils –, étaient très différents des miens.

« Il n'est pas devenu dictateur du jour au lendemain, a-t-il poursuivi. Dictateur, envahisseur, mauvais. » Les doigts de sa main droite pianotaient sur ceux de sa main gauche. « Des événements graves se sont produits à cause de son armée. Sans elle, sans ses armes, il ne pourrait être agresseur. Or les armes n'ont pas été fabriquées par des Irakiens, mais par des Occidentaux. Des sociétés occidentales ont aidé à créer l'agresseur. Elles l'ont fait, puis elles l'ont condamné. C'est injuste. » Il s'est renfoncé dans son siège et sa voix s'est élevée d'un ton. Il en avait fini avec ce point.

« Voilà pour le niveau conventionnel. Saddam Hussein n'est pas cent pour cent mauvais. Mais il y a aussi un niveau plus subtil : quand un homme comme Bush éprouve des sentiments négatifs envers Saddam Hussein, à ses yeux celui-ci est concret, indépendant, absolu, totalement mauvais. » Il a tendu un poing fermé en y fixant son regard.

« De même, aux yeux de Saddam Hussein... » Il s'est mis à glousser au point qu'il avait peine à finir sa phrase. « Bush est très négatif, absolu, indépendant... il incarne le mal. » Ses propos étaient ponctués d'éclats de rire et ses épaules se soulevaient malgré lui. Il prenait plaisir à se moquer de l'homme le plus puissant du monde.

Quand il a recouvré son sérieux, il a conclu :

« Dans les deux cas, il y a malentendu sur la réalité. Cette réalité est pure projection mentale.

— Vous dites que Saddam Hussein n'est pas cent pour cent méchant parce que, par exemple, il reste peut-être gentil avec sa femme ?

— Voilà ! » a-t-il acquiescé avec enthousiasme. Il était content que j'aie saisi la substance de son idée.

« Si les circonstances changeaient, il pourrait devenir très gentil. C'est tout à fait possible. Prenons un autre exemple : aux yeux de Ben Laden, l'Amérique est cent pour cent mauvaise. Cette ignorance engendre le désastre. Pour Ben Laden, tout l'Occident est antimusulman. En particulier l'Amérique, qui agresse le monde. Il décide donc qu'il y a un ennemi concret, indépendant. C'est une vision erronée de la réalité.

— Que devrait-il voir ?

— Que l'Amérique fait partie du monde arabe, de lui, a-t-il répondu sans hésiter.

— Que tous deux sont interdépendants.

— Oui. Et pas seulement l'Amérique. En Europe de l'Ouest, on entend des critiques contre les musulmans installés là-bas. Mais bien sûr, l'Amérique et l'Europe ne sont pas cent pour cent antimusulmanes. C'est donc encore une projection mentale, une vision étroite, une erreur. La vision interdépendante est plus vaste, plus souple. Il n'y a rien de concret à quoi s'accrocher. Elle réduit la forte emprise, le fort attachement, car il n'y a aucun objet sur quoi faire porter l'emprise. Notre désir, notre soif d'objets et d'êtres sont réduits. »

Grâce à des décennies de pratique soutenue, la vérité intemporelle de l'interdépendance s'est imprégnée dans la conscience du dalaï-lama. Elle a façonné sa pensée, ses croyances et son comportement. Il lance ses projets et réagit aux événements mondiaux selon le mode opératoire de l'interdépendance. Il ne craint pas de heurter l'opinion publique et ne fonde pas ses décisions sur l'avis de ses conseillers ou des sondeurs. Sa sympathie – ou du moins son absence d'antipathie – envers Saddam Hussein est le fruit de sa vision si particulière, réfractée par le prisme de l'interdépendance.

Il y a autre chose à l'œuvre... Il a l'impression que les États-Unis et leurs alliés se sont ligués contre le dictateur irakien et ses compatriotes, alors que ces derniers ont peine à survivre dans le désert. Il éprouve une sympathie instinctive envers les faibles, sans doute parce que l'interdépendance produit un effet de compassion. Je l'avais deviné lors d'un précédent entretien, un matin où j'avais pu passer quelque temps avec lui dans sa résidence de Dharamsala.

Mettant fin à sa méditation, il s'était levé de son coussin et m'avait proposé de me montrer ses appartements. Nous étions sortis de son paisible sanctuaire pour gagner le vestibule qui ouvrait sur un grand salon aéré. Me tenant par la main, il m'avait emmené dans une petite pièce lambrissée et sobrement meublée. Un lit à une place occupait la majeure partie de l'espace. Sur une table de chevet étaient posées une lampe à l'abat-jour en forme de lotus et une radio portative.

« C'est mon ancienne chambre, m'avait-il expliqué. L'année dernière, à cause de menaces de tremblement de terre, j'ai déménagé dans la pièce du sous-sol. »

Il m'avait alors montré cinq ou six photographies jaunies qui ornaient le mur. Elles représentaient presque toutes des moines tibétains, ses anciens maîtres. Sur l'une d'entre elles, on remarquait Ling Rinpotché, son bien-aimé tuteur, alors décédé ; célèbre pour son austérité, l'homme affichait pourtant l'ombre d'un sourire. Dans un coin de la pièce, une photographie de groupe réunissait toute la famille du dalaï-lama : ses frères et sœurs, lui-même, ainsi que leurs parents.

À une extrémité du mur, j'avais aperçu un objet incongru, voire déplacé. Juste au-dessus du lit, un fusil était suspendu par une bandoulière de cuir. Je m'étais apprêté à le photographier.

« Non, ne le prenez pas en photo ! s'était-il écrié. On pourrait croire que le dalaï-lama est un violent qui aime les armes. » J'avais posé mon appareil photo. Une pensée désagréable m'était alors venue à l'esprit : depuis quand le dalaï-lama se préoccupait-il de l'opinion d'autrui ? Ce comportement si contraire à ce que je savais du personnage m'avait surpris. Était-il un homme de contradictions ?

Il m'avait expliqué qu'il possédait ce fusil depuis plusieurs décennies. « Je nourris souvent les petits oiseaux. Quand ils arrivent, les faucons arrivent aussi. Je n'aime pas que les gros faucons mangent les petits oiseaux. Je garde ce fusil à air comprimé pour protéger les petits êtres vivants. Pas pour faire mal, pour faire peur... »

9

Un océan de tortues dorées

C'était le quinzième jour du mois tibétain, que la tradition place sous le signe du renouveau. Le dalaï-lama se trouvait dans la petite ville de Bodhgaya pour présenter ses respects au sanctuaire le plus sacré des bouddhistes. Après un repos bien mérité, il devait poursuivre son pèlerinage en se rendant au pic des Vautours, puis rentrer pour délivrer l'initiation de Kalachakra. Dans l'enceinte du temple de la Mahabodhi, il était assis sur son trône, à l'ombre du vénérable arbre de la bodhi, descendant direct de celui sous lequel le Bouddha est parvenu à l'Éveil il y a deux mille cinq cents ans. Une vaste foule composée de moines tibétains lui faisait face dans la cour à ciel ouvert. Ils étaient venus participer au rituel bimensuel du *sodjong*, de la confession.

Au moment où ils ont commencé à psalmodier, le dalaï-lama a adopté une position en Z. Il s'est agenouillé de sorte que son postérieur repose sur ses talons, puis il a penché le buste en avant jusqu'à ce que son front touche le sol. Son attitude était celle de la pure humilité. Plusieurs décennies de pratique de la position du lotus lui ont valu une souplesse qui lui permet de se plier en accordéon et de se faire le plus compact possible. Avec sa robe jaune tendue sur le dos, il me faisait penser à une grande tortue dorée dans un océan d'autres tortues dorées.

C'était la première fois que j'avais le droit d'assister à ce rituel intime. J'étais extrêmement impressionné. La cérémonie était d'autant plus remarquable qu'elle se déroulait à l'endroit même où le Bouddha avait atteint l'Éveil et qu'elle était orchestrée par le dalaï-lama. En outre, des moines appartenant aux quatre écoles du bouddhisme tibétain y participaient. Tout laissait présager du meilleur. Au bout d'un moment, l'un des religieux a levé la tête d'un air interrogateur – un crâne chauve dans un champ d'or. Il a jeté un regard furtif autour de lui avant de reprendre sa position initiale.

Plus tard, quand j'en ai eu la possibilité, j'ai demandé au dalaï-lama à quoi il avait pensé au cours du rituel. Il m'a répondu : « Je me suis remémoré le Bouddha et tous ces grands maîtres, dont Nagarjuna, qui ont séjourné à Bodhgaya.

— Vous êtes-vous confessé ?

— Bien sûr. *Sodjong* signifie "confession".

— Qu'avez-vous confessé ?

— Le soir, je mange des gâteaux secs. En ma qualité de moine bouddhiste, je suis censé ne plus rien prendre après le déjeuner. »

À la fin de la cérémonie, il s'est levé pour pénétrer dans l'enclos sacré de l'arbre de la bodhi, qu'entoure un muret de grosses pierres. Cinq ou six branches d'une lourdeur inconcevable se projettent à l'horizontale du tronc. Des étais de fer, peints en vert sombre et cimentés dans le sol, les empêchent de tomber davantage et d'endommager le muret orné de reliefs inestimables. En guise d'offrandes, on avait accroché aux branches des écharpes de soie et des cordelettes festonnées de drapeaux à prières tibétains. Deux parapluies de femme, à pois jaunes et noirs, étaient posés à la jonction du tronc et des branches. Sans doute s'agissait-il d'une autre offrande symbolique.

Écartant de la main une masse compacte de drapeaux à prières, le dalaï-lama s'est faufilé dans l'étroit passage aménagé entre la clôture de pierre et le tronc massif. La partie inférieure de l'arbre était emmaillotée dans la soie bordeaux et safran. Plus haut, brillaient des feuilles d'or que les fidèles avaient appliquées. Un dais de laiton couvert de guirlandes d'ampoules clignotantes protégeait la grande tablette de pierre appelée Siège adamantin. Après s'être agenouillé, le dalaï-lama a posé la tête sur l'antique dalle pour lui rendre hommage.

C'est sur le Siège adamantin que le Bouddha s'est assis pour méditer sur la vacuité. Il a atteint l'Éveil après avoir intégré une vérité profonde : les phénomènes sont par essence vacuité ; ils n'existent pas indépendamment de leurs causes et de leurs conditions.

Dans bon nombre de ses conférences et de ses interviews, le dalaï-lama évoque la question de la vacuité. Il dit et il répète que l'enseignement du Bouddha peut se résumer à un acte essentiel : opérer la fusion de la vacuité et de la compassion. Vacuité + Compassion = Bonheur. Tel est le secret.

Selon lui, nous devons d'abord parvenir à la sagesse en voyant le monde comme il est. La sagesse implique la vue claire. Grâce à la sagesse, nous pouvons voir tout ce qui nous environne clairement, sans préjugés. Notre regard perce le brouillard comme un rayon laser. Pour ce faire, nous devons comprendre la vacuité. Qu'est-ce que la vacuité ? Une façon de dire que les objets sont dénués d'existence individuelle, intrinsèque. En dernière analyse, rien – ni les êtres, ni les pensées, ni les choses – n'existe indépendamment, en soi. Ce regard porté sur le monde est celui de l'Éveillé. Il met en lumière une vérité subtile, mais ultime : l'interdépendance, plutôt que l'indépendance, définit notre vie et notre environnement. Personne n'est une île. Le monde est une immense toile où s'entremêlent les événements, les gens et les choses. Ces liens peuvent être difficiles à voir, mais ils n'en sont pas moins réels, omniprésents sous la surface. En même temps qu'une sagesse, nous avons besoin d'une méthode. Et quelle est cette méthode ? La culture de la compassion.

La compassion, je la connaissais. Certes, je ne suis pas excellent quand il s'agit de l'appliquer à ma vraie vie, mais je la comprends. Quant à la vacuité, c'était une autre affaire... Je savais qu'elle avait une importance fondamentale et, en tant que profane, je la saisissais. Toutefois, j'avais peine à maîtriser ses interprétations plus subtiles. Après tout, au fil du temps, on a consacré des bibliothèques entières à cette idée aussi ancienne que fuyante, dont les implications sont pourtant réelles dans la vie contemporaine. Peut-être étais-je trop attaché à la sémantique et au sens simpliste, quotidien, du terme. Dans le dictionnaire de mon cerveau, vacuité signifie « néant ». En revanche, pour le dalaï-lama, tout en ce bas monde – choses, personnes, animaux, pensées, émotions, objets, à vous de choisir – est vacuité. Parce que tout s'entremêle, l'indépendance n'existe pas. Parce qu'il n'y a pas d'indépendance, rien n'existe en soi ni par soi. Ce concept me semblait particulièrement difficile à appréhender.

Au cours d'un de nos entretiens, le dalaï-lama m'avait déclaré : « Selon la croyance bouddhique, sauf à méditer sur la vacuité et à l'expérimenter pleinement, directement, il est très difficile d'éliminer les émotions destructrices. » Ngari Rinpotché, son frère cadet, assistait à cette séance. La plupart du temps, il avait écouté. À ces mots, il est intervenu : « Victor n'aime pas la vacuité ; il refuse de m'entendre parler de cette question. » Le dalaï-lama a jugé cette information hilarante.

« Comme d'habitude, le Rinpotché se moque de moi, ai-je dit au dalaï-lama. Je m'intéresse beaucoup à la vacuité. J'espère obtenir de vous une explication telle que même un profane comme moi pourra comprendre.

— Vous avez entendu un si grand nombre de mes enseignements ! m'a-t-il répondu du tac au tac. Vous êtes venu tant de fois à Dharamsala ! Et vous avez enregistré le moindre de mes propos. Comment se fait-il que vous en attendiez plus ? Mauvais élève ! »

Je n'étais pas le seul. Je savais qu'Oprah Winfrey avait aussi du mal avec la vacuité.

En mai 2001, j'avais accompagné le dalaï-lama qui effectuait une tournée éclair aux États-Unis. Il comptait y visiter neuf villes en trois semaines. Sa rencontre avec George W. Bush a constitué le temps fort de ce séjour. L'événement m'est resté en mémoire, non à cause de ce que les deux hommes se sont dit (il s'agissait plus d'une visite de courtoisie que d'une rencontre officielle), mais de ce que le dalaï-lama portait aux pieds : il s'était présenté à la Maison Blanche chaussé de ses habituelles tongs indiennes en plastique...

Après s'être entretenu avec le président, il est rentré à son hôtel, où Oprah l'attendait. Elle était entourée d'une armada de photographes, de maquilleuses et de responsables éditoriaux qui travaillaient pour *O, The Oprah Magazine*, la revue qu'elle édite avec grand succès. Tout ce petit monde a pénétré dans l'élégante suite où devait se dérouler l'interview d'une heure.

Tout a assez bien commencé. Oprah a demandé au dalaï-lama : « Avez-vous dû vous pardonner quelque chose ?

— De petits incidents, comme tuer un insecte par accident.

— Tuer un insecte... Hum ! Très bien. »

Il a poursuivi : « Mon attitude envers les moustiques n'est pas très pacifique. Ni envers les punaises.

— Et c'est tout ? » Elle n'en croyait pas ses oreilles. « De toute votre vie, c'est tout ce que vous avez dû vous pardonner ?

— Peut-être de petites erreurs quotidiennes, a-t-il répondu d'une voix égale. Mais des grosses, je ne crois pas.

— Pas de grosses erreurs... » Elle ruminait cette réponse en silence, le regard tourné vers la fenêtre.

Le respect et la crainte se mêlaient dans sa voix lorsqu'elle a repris : « Rien dans votre vie n'éveille de regrets en vous ? C'est ce que j'appelle une belle vie... une vie formidable.

— Pour ce qui est de servir le Tibet, le bouddhisme, l'humanité, j'ai fait ce que j'ai pu. Pour ce qui est de ma pratique spirituelle... Quand je fais part de mes expériences à des méditants plus avancés – même à ceux qui ont passé des années dans la montagne à pratiquer la méditation sur un seul point –, je ne me sens pas trop à la traîne.

— Encourageriez-vous le reste du monde à méditer ?

— Question idiote. » La réplique avait fusé tout à trac.

Oprah a accusé le coup et un silence de mort a envahi la pièce. Chacun avait la même idée en tête : c'était la première fois qu'elle obtenait pareille réponse.

Le dalaï-lama est devenu pensif : « Les gens doivent-ils méditer ? Je crois », a-t-il lâché après un temps d'arrêt. La question avait beau être idiote, il tenait à y répondre correctement. « Regarder davantage en soi, ça vaut la peine pour tout le monde. Nous n'allons pas assez loin. Je ne dis pas que les gens devraient devenir religieux, mais que nous devrions nous concentrer davantage sur notre potentiel intérieur.

— Oh, je crois aussi ! » Son interlocutrice se détendait visiblement. « C'est pourquoi j'ai posé cette question idiote. » Dans la pièce, l'assistance soufflait. « Je le pensais, mais je voulais vous l'entendre dire.

— Bien sûr, on ne peut l'imposer à personne. Il faut s'y mettre de son plein gré. »

La tension étant retombée, Oprah a voulu changer de sujet.

« Dans ma revue, j'écris un éditorial intitulé "Ce dont je suis sûre". De quoi êtes-vous sûr ? Sur quoi n'avez-vous aucun doute ? »

Il n'a pas hésité. « La compassion est la meilleure source de bonheur. Elle permet une vie heureuse, un monde heureux. Ça ne fait aucun doute.

— Ce que nous donnons nous sera rendu. Je suis d'accord.

— C'est bien... Vous êtes d'accord avec tout ! » Il a ri. « Les cultures, les idées, les modes de vie diffèrent, mais nous sommes tous les mêmes êtres humains.

— Quand vous parlez d'"êtres humains", vous voulez dire que nous avons tous le même esprit ?

— C'est plus compliqué. Tout le monde parle d'"êtres humains" sans chercher à comprendre. Mais si on analyse ce qu'est "être humain", on ne trouve rien.

— Ah non ?

— C'est un concept bouddhique : la vacuité. Elle ne signifie pas que rien n'existe. Les choses existent, mais on ne peut trouver leur façon d'exister. Par conséquent, elles sont vacuité.

— Aaah... » Elle a médité sur ces sages propos. Il a poursuivi : « Prenez ce vase. » Il montrait un vase posé sur une table basse. « Il existe, mais on ne peut trouver sa façon d'exister. Par conséquent, il est vacuité. Vacuité par nature... »

J'ai eu le sentiment qu'il voulait s'étendre sur le sujet, mais qu'Oprah hésitait. « Il me sera difficile de l'expliquer à mes lecteurs », lui a-t-elle répondu, avant de le questionner sur son enfance au Tibet.

Les lecteurs de *O, The Oprah Magazine* d'août 2001 ont eu droit à un long article de fond sur le dalaï-lama. Pas un mot n'y était consacré à la vacuité. Quelques mois après cet entretien, dans la petite ville de Bodh-gaya, en Inde, j'ai eu l'occasion d'en savoir plus sur ce concept déroutant.

10

Un lettré coréen à Bodhgaya

Vêtu d'une élégante robe noire à col montant et manches flottantes qui rappelait celle de Confucius, le célèbre lettré coréen était assis en tailleur devant le dalaï-lama.

La scène se déroulait au début de janvier 2002, dans les appartements que le dalaï-lama allait occuper au dernier étage du monastère tibétain durant tout son séjour à Bodhgaya. Nous avions pris place sur des coussins recouverts de tissu tibétain. J'éprouvais une certaine irritation. Je devais m'entretenir au moins à deux reprises avec lui avant de l'accompagner au pic des Vautours. Mais l'érudit Kim Yong Oak, diplômé de Harvard et présentateur d'une célèbre émission que la télévision coréenne consacrait à Confucius, s'était arrangé pour obtenir une audience la veille. De toute évidence, il avait impressionné le dalaï-lama au point que celui-ci lui avait accordé une autre interview ce matin-là. J'avais eu droit à une séance deux jours plus tôt et je sentais qu'il était inutile d'en espérer plus.

« Ma question est sans doute idiote... » a commencé le Coréen d'une voix hésitante. Il a ôté le chapeau noir sans bord qui le faisait ressembler à un marin américain, révélant ainsi un crâne rasé. Je lui donnais un peu plus de cinquante ans. « Toute votre vie, a-t-il repris avec plus de fluidité, vous avez beaucoup étudié, beaucoup discipliné votre corps. Vous avez connu toutes sortes d'expériences. Vous êtes un grand penseur. Pouvez-vous me raconter un événement personnel, une expérience d'Éveil ? »

Cette demande me surprenait, car son caractère intime la rendait impertinente. Après tout, son auteur n'en était qu'à sa deuxième rencontre avec le dalaï-lama. Néanmoins, la réponse m'intéressait. Le moine tibétain allait-il faire des confidences à un quasi-étranger, lui révéler des éléments que les grands maîtres religieux hésitent à dévoiler ? Allait-il lui faire part de son expérience de l'Éveil spirituel ?

L'air grave, il s'est renfoncé sur son coussin.

« Ce corps a maintenant soixante-six ans. Mais sur le plan spirituel, je suis encore très jeune », a-t-il dit. Puis il a marqué une pause pour rire aux éclats de sa plaisanterie. Toute sa silhouette en était agitée. « Bien sûr, les concepts d'impermanence et de vacuité sont très puissants, très utiles. » Il est devenu songeur. « Surtout le concept de vacuité. » Kim a sorti un carnet de notes et s'est mis à gribouiller.

« Selon Nagarjuna, vacuité signifie "interdépendance" ou "interconnexion" », a repris le dalaï-lama en se penchant vers le Coréen. Nagarjuna est un maître indien du IIe siècle, dont les enseignements constituent le fondement du bouddhisme tibétain.

« Vacuité ne signifie pas "néant", a poursuivi le dalaï-lama. La vacuité est pleine, pas vide. Il faut en prendre conscience, la connaître... Je crois la comprendre intellectuellement. La vacuité – on peut aussi l'assimiler à l'interdépendance – nous aide à élargir notre vision du monde, de notre vie. Elle nous permet de nous doter de cette vision holistique. »

Il a détourné les yeux et s'est brièvement adressé en tibétain à Lhagdor, qui était assis près de lui.

« Thé ou café ? a demandé l'interprète au lettré.

— N'importe quoi... Euh, du thé.

— Peut-être du café ? est obligeamment intervenu le dalaï-lama.

— Oui, du café.

— Un Coréen américanisé par Harvard ! a plaisanté le dalaï-lama.

— Très bien, du thé. Oui, je suis sans doute trop américanisé. Mais même si j'ai été éduqué dans un pays étranger, je suis considéré comme un homme extrêmement traditionnel en Corée.

— Parfait ! a lancé le dalaï-lama en opinant du chef.

— Ce sont des vêtements que j'ai dessinés, a expliqué Kim en caressant sa robe noire. D'ordinaire, je m'habille de façon très traditionnelle. Je ne porte jamais de tenues occidentales. »

Il était accompagné de deux photographes et d'une secrétaire. Placé de côté, l'un des jeunes gens avait tranquillement pris des clichés de la scène. Kim s'est détourné du dalaï-lama pour adresser quelques mots au photographe, qui s'est posté derrière le moine tibétain pour avoir une meilleure vue de son employeur.

Le dalaï-lama avait hâte d'en finir. « La vacuité et la compassion... a-t-il dit au Coréen sans prêter la moindre attention au flash de l'appareil photo. Bien sûr, dans un premier temps, on comprend ces idées au niveau intellectuel. De même pour les aspects positifs de la compassion et les effets destructeurs de l'égoïsme. Alors se produit un impact sur nos émotions, qui changent peu à peu. Telle est la voie bouddhique. On recourt à la raison et à l'intellect. Pour ce qui est de la compassion et de la compréhension de la vacuité, j'ai une certaine expérience. Elle m'a valu de grands bienfaits. Je suis fermement convaincu que, en pratiquant davantage, elle me vaudra des bienfaits encore plus grands. C'est certain. Quand on fait croître ces qualités, on obtient la paix et le bonheur.

— Votre Sainteté, pouvez-vous me parler de la vacuité ? » J'étais content de voir que, comme Oprah et moi, le Coréen peinait à appréhender ce concept.

« Il y a deux niveaux de réalité, lui a expliqué le dalaï-lama. Au premier niveau, vous voyez cet objet comme étant une table. » De la main gauche, il a effleuré la table basse placée entre eux, avant de montrer sa tasse d'eau chaude – sa boisson préférée à toute heure du jour. « Ceci est de l'eau.

— C'est la réalité conventionnelle, a acquiescé le Coréen.

— Comment prouver l'existence de cette réalité conventionnelle ? a continué le dalaï-lama en posant la tasse devant son interlocuteur. Cette eau existe, je la vois, je la perçois... c'est de l'eau. » Il s'est penché au-dessus de la table, a plongé les yeux dans la tasse et l'a tapotée de l'index pour renforcer son propos. Puis il a ôté ses lunettes et s'est plié en deux, au point que son visage se trouvait à quelques centimètres de la tasse. « Vu de plus près, c'est encore de l'eau. »

Il s'est redressé, a rechaussé ses lunettes et a montré Lhagdor, assis à sa droite sur le tapis. « Demandez à quelqu'un d'autre. Oui, ce sera toujours de l'eau. Alors nous l'acceptons ; c'est réel.

— Vous parlez de vérité conventionnelle, a conclu Kim.

— Oui. Mais imaginons que, d'emblée, j'aie vu cette tasse pleine d'un jus de fruits jaune, et non d'eau. » Il a encore ôté ses lunettes, s'est essuyé les yeux du dos de la main et s'est de nouveau penché au-dessus de la tasse. « J'observe soigneusement : je ne vois que de l'eau. Ceci prouve que ma première perception était mauvaise. Voir du jaune était une erreur. Vu de plus près, le jus de fruits n'est pas là. »

Il a remis ses lunettes et a observé le Coréen pour vérifier si celui-ci avait saisi. Il expliquait que nos perceptions quotidiennes peuvent être suspectes. Des défauts physiques ou une lumière trompeuse peuvent nous faire voir les choses de façon erronée.

« Autre exemple : je suis daltonien et je vois tout noir. » Il a montré la tasse en disant au lettré : « Ce matin, je vois une tasse noire. Cet après-midi, je verrai aussi une tasse noire. Mais je ne peux en être sûr. Alors je demande à quelqu'un : "Quelle est cette couleur ?" Si cette personne me répond que c'est du noir, ma perception est confirmée du point de vue conventionnel : c'est du noir ! »

Il a montré Lhagdor et les deux photographes. « Mais si une deuxième personne, puis une troisième, puis une quatrième répondent : "C'est du jaune", je sais que j'ai un problème aux yeux, même si je continue à voir du noir. En réalité, ce n'est pas du noir. C'est ainsi que j'essaie de découvrir la vérité conventionnelle : grâce à une investigation rationnelle. »

Il développait un thème qui lui est cher : une vision scientifique, rationnelle du monde. Les idées vagues, qui ne tiennent pas debout, lui sont inutiles. Dans sa jeunesse, cet homme a étudié la logique pendant plus de dix ans. Il s'efforçait d'expliquer que, dans notre majorité, nous attachons un sens et une importance à tout pour comprendre et interpréter notre monde, mais que notre expérience influe sur notre vision de ce même monde. Pour appréhender les choses sans les déformer, nous devons les soumettre à une investigation d'une rigueur toute scientifique.

« Observons maintenant la réalité ultime, a-t-il continué en pointant l'auriculaire sur la tasse. Qu'est-ce exactement ? » Il s'est penché vers le lettré coréen et l'a dévisagé avec intensité. « Nous voyons une couleur, une forme. Mais si nous ôtons la couleur, la forme, la matière, qu'est-ce qu'une tasse ? Où est la tasse ? Cette tasse est un mélange de particules : des atomes, des électrons, des quarks. Mais chaque particule n'est pas "tasse". Ce constat s'applique aux quatre éléments, au monde, à tout, même au Bouddha. Nous ne pouvons pas trouver le Bouddha. Telle est la réalité ultime. Si la réalité conventionnelle nous laisse insatisfaits et si nous allons en profondeur pour essayer de trouver la chose réelle, nous ne la trouvons pas. »

Ainsi, disait-il, la tasse est vacuité. Le mot « tasse » n'est qu'une étiquette qui nous permet de décrire une réalité quotidienne. Chaque tasse n'existe qu'en raison d'un réseau complexe de causes et de conditions. Elle n'existe pas de façon indépendante. Elle ne peut venir à l'existence d'elle-même, de son propre chef.

Par exemple : supposons que je décide de fabriquer une tasse noire. Pour ce faire, j'ajoute de l'eau à de l'argile noire, je façonne ce mélange à ma convenance et je le fais cuire au four. Certes, mon action a transformé l'eau et l'argile en tasse, mais celle-ci existe grâce aux innombrables interactions des atomes et des molécules. Alors, qu'en est-il de moi, le créateur de la tasse noire ? Si mes parents ne s'étaient jamais rencontrés, elle n'aurait sans doute jamais existé.

Elle est donc dénuée d'existence indépendante. Elle ne vient à l'existence que grâce à un réseau complexe de relations. Selon les propres termes du dalaï-lama, elle est le fruit de la « production dépendante ». Si elle est devenue tasse, c'est grâce à une myriade de facteurs différents, et non par elle-même. Elle est vacuité. Vacuité signifie ici « absence d'existence intrinsèque, inhérente » ou encore « interdépendance ».

Le dalaï-lama braquait les yeux sur le visage du Coréen. J'étais frappé par l'intensité de son regard. Selon toute apparence, il était insensible aux déplacements maladroits des photographes et aux déclics des obturateurs.

Pourquoi devons-nous prêter attention à la vacuité ? Qu'a-t-elle à voir avec notre vie réelle ? Pour le dalaï-lama, tout est question de perspective. Une grande partie de nos malheurs, de nos souffrances, est due à la distance qui sépare nos perceptions de la réalité. Par exemple, je me considère comme une entité distincte : je suis différent de ma fille, de ma femme et de mon ennemi. Que j'aime ces personnes ou que je les déteste, je crois exister indépendamment d'elles. À cause d'un conditionnement aussi vieux que moi-même, il ne fait aucun doute dans mon esprit qu'il existe une distinction nette entre moi et autrui. Vue sous cet angle, l'idée d'intérêt individuel, du « chacun pour soi », fait sens.

Mais si j'accepte le point de vue du dalaï-lama, je constate que mon existence dépend d'une infinité d'événements, de personnes, de causes et de conditions, tous unis par des liens complexes. Si l'un de ces éléments avait été différent, j'existerais différemment. Si mes parents étaient nés à Lhassa, je serais sans doute tibétain, et non chinois. Si je n'avais pas été enlevé en Afghanistan en 1972, je n'aurais pas fait connaissance du dalaï-lama.

Vus selon cette perspective, « moi » et « autrui » ne font sens que dans un contexte relationnel. Pour le dalaï-lama, l'essence, le cœur même de la réalité, c'est l'interconnexion fondamentale des êtres avec les êtres et des êtres avec les choses. Voilà comment il voit le monde qui l'entoure. Depuis plus d'un demi-siècle, il croit, au plus profond de lui-même, que « son » intérêt et « votre » intérêt sont inextricablement liés, qu'ils se recoupent de façon tout à fait tangible. C'est pourquoi il a consacré toute sa vie au bien-être d'autrui. Il appelle cette attitude « l'égoïsme éveillé ». Il est convaincu que, s'il peut aider autrui, il sera le premier à en tirer des bienfaits et qu'il sera plus heureux. Il ne prétend à rien de plus.

L'entretien touchait à son terme. Pendant près d'une heure, il avait patiemment expliqué à Kim Yong Oak qu'il s'était transformé, petit à petit, au fil des ans, en adoptant une approche sensible, logique, de sa pratique spirituelle. Il avait souligné l'importance de la raison. Il avait insisté sur le fait que chacun pouvait parvenir à un authentique bonheur en se concentrant sur deux préceptes fondamentaux du bouddhisme : la compassion et la vacuité. Mais, en définitive, il a choisi de ne pas évoquer ses expériences d'Éveil devant le lettré coréen.

11

Des vibrations positives et invisibles

Le dalaï-lama est sorti des appartements au confort rudimentaire qu'il occupait au dernier étage du monastère tibétain de Bodhgaya. Il a descendu les deux volées de marches de l'escalier extérieur pour rejoindre la cour bondée où l'Ambassador blanche était garée. La voiture ressemblait à l'un des taxis déglingués qui sillonnent les villes indiennes. Elle était pourtant lourdement blindée et ses vitres teintées étaient assez épaisses pour résister aux balles. Quelques mois plus tôt, un groupuscule de maoïstes radicaux avait créé des désordres dans les environs. Cette partie du Bihar, l'État le plus pauvre de l'Inde, est connue pour être le théâtre de vols à main armée. Le ministère des Affaires étrangères avait donc fait venir le véhicule de Lucknow, la ville la plus proche, pour que le dalaï-lama l'utilise pendant son pèlerinage à Bodhgaya et sur les autres sites bouddhiques de la région.

Après être passé à côté de l'Ambassador, le dalaï-lama est sorti du monastère. Il était accompagné d'une cinquantaine de personnes : assistants, serviteurs, grands lamas, gardes indiens et tibétains. La zone située devant le bâtiment, qui constitue l'épicentre de

Bodhgaya, avait été nettoyée. Un grand nombre de pèlerins et de sympathisants, qui attendaient patiemment d'apercevoir le dirigeant, se pressaient sur les trottoirs. La police avait interdit aux voitures, aux bicyclettes et aux rickshaws de circuler.

Le dalaï-lama prenait plaisir à effectuer cette courte marche jusqu'au sanctuaire de la Mahabodhi, le lieu où le Bouddha est parvenu à l'Éveil. Elle lui permettait d'échanger avec la population. De temps à autre, il échappait à ses gardes du corps pour aller saluer une personne dans la foule.

Devant les portes du sanctuaire, d'innombrables mendiants – surtout des femmes sans âge, vêtues de saris aux coloris éclatants – étaient assis sur leurs talons. Ces intouchables avaient parcouru de longues distances pour assister à cette édition 2002 de l'initiation de Kalachakra – un rituel du bouddhisme tibétain que le dalaï-lama allait accomplir, onze jours durant, devant deux cent mille fidèles. « Ici, à Bodhgaya, m'avait-il expliqué, tous ces gens se rassemblent pour se concentrer sur l'altruisme. C'est pourquoi je crois que des vibrations positives, peut-être à un niveau invisible, peuvent naître. Mais je vous assure que, positives ou non, elles sont inoffensives. Et je pense que les participants peuvent faire l'expérience, pendant quelques instants, de la tranquillité, de la paix et de la satiété. D'ordinaire, c'est ce qui se passe pendant une initiation de Kalachakra. »

Une chose était sûre : les mendiants savaient qu'ils seraient nourris et que, à la fin de ces deux semaines exceptionnelles, ils pourraient rentrer chez eux munis d'une liasse de roupies.

Ils ne prêtaient guère attention au dalaï-lama qui s'approchait. Leurs regards étaient tournés vers les cinq ou six Tibétains qui leur apportaient un grand seau en aluminium rempli de riz safrané. D'un geste vif et efficace, deux jeunes gens en ont versé de généreuses portions dans les coupelles qui se tendaient vers eux. Ce rituel se déroulait deux fois par jour. Quelques jeunes handicapés les suivaient en rampant sur les mains et les genoux ; leurs jambes raides oscillaient derrière leur maigre corps à la façon d'une queue. Eux aussi échapperaient à la faim tant que le dalaï-lama séjournerait en ville.

À l'entrée du saint des saints, le dalaï-lama a ôté ses tongs en plastique et s'est prosterné trois fois sur la couverture de soie cramoisie qu'un serviteur avait étendue par terre. Puis il a emprunté l'étroit passage qui conduit à une petite chapelle dominée par l'immense statue du Bouddha.

Il s'est avancé vers le trône et s'est prosterné à trois autres reprises. Resplendissants dans leurs robes safran, des moines sri-lankais se tenaient non loin de lui. Ce sont les gardiens officiels du temple. À part eux, une dizaine de grands lamas en robes bordeaux et quelques gardes du corps tibétains se trouvaient dans la petite salle. L'air était saturé du lourd parfum de l'encens et de l'odeur corporelle aigre dont les fidèles avaient imprégné les lieux.

J'étais coincé contre Sengué Rabten, le responsable des gardes du corps. Cet expert en karaté à la coupe de cheveux militaire se dressait sur la pointe des pieds pour régler un ventilateur mural. Après quelques essais maladroits, il a réussi à diriger un souffle d'air fétide vers son employeur. J'entendais, au dehors, la foule que surveillaient des soldats équipés d'armes automatiques.

L'un des moines sri-lankais a tendu une mèche enflammée au dalaï-lama. Fixées sur des bougeoirs de laiton, deux chandelles pourpres, en forme de spirale, se dressaient sur un rebord au pied de la statue. Le dalaï-lama les a allumées avec soin, l'une après l'autre. Il a d'abord levé les yeux vers le Bouddha, puis la main droite en signe d'hommage.

J'ai observé cette œuvre de pierre qui, dit-on, a plus de mille sept cents ans. Au XIXe siècle, lorsque des archéologues britanniques l'ont exhumée, elle avait été décapitée. Ses découvreurs ont recollé sa tête à l'aide de ciment, avant de l'installer au cœur du temple. Je savais que, lorsque le dalaï-lama avait posé les yeux sur elle, il avait souffert de voir le joint. Il avait fait un don généreux en demandant que la statue soit recouverte d'or. Les services de l'Inventaire archéologique de l'Inde avaient protesté, mais les susceptibilités religieuses avaient fini par se calmer. On avait peint en bleu le mur de fond et on l'avait éclairé de douces lumières pour donner l'impression qu'une grande fenêtre ouvrait sur un ciel serein. J'ai vainement tenté de repérer les traces de restauration sur le cou de la statue.

Le dalaï-lama est sorti de la chapelle. Il a pris à droite, puis il a contourné la tour centrale du temple.

Juste avant d'atteindre les portes du sanctuaire, il a brusquement bifurqué à droite et s'est dirigé vers une foule de Tibétains contenue par le personnel de sécurité. Son garde du corps sur les talons, il s'est avancé vers un jeune homme assis par terre, près d'une vieille femme aux traits mongols et aux cheveux coiffés en deux longues nattes. Âgé d'un peu plus de vingt ans, le garçon tenait une canne à la main. Le dalaï-lama avait deviné que, malgré ses yeux ouverts, son compatriote était atteint de cécité. Il s'est penché, lui a pris la main et lui a parlé de sa voix de baryton. Il voulait savoir d'où venait le jeune aveugle et s'il avait été soigné. Son étrange capacité à isoler les démunis au sein de foules immenses faisait mon émerveillement.

Plus tard, j'ai appris que le jeune homme, Lobsang Trinlé, était arrivé avec sa mère des environs de Matchen, dans l'Amdo, une région qui fait partie de la province chinoise du Qinghai. Il avait perdu la vue à quinze ans, suite à une chute. Une opération lui en avait rendu une partie, mais la cécité n'avait pas tardé à revenir. Au fil des ans, sa mère avait désespérément tenté de trouver un remède. Elle l'avait emmené dans les plus grands hôpitaux de Chengdu et de Pékin, où il avait subi une autre opération, ainsi qu'un traitement par acupuncture et brûlures au moxa. Rien n'y avait fait. Les nerfs optiques étaient gravement touchés. Lobsang Trinlé avait appris qu'il ne verrait jamais plus.

Quand il avait su que le dalaï-lama allait, pour la première fois en quinze ans, procéder à l'initiation de Kalachakra à Bodhgaya en 2002, il avait décidé de prendre la route. Il tenait à être auprès du maître et à entendre ses enseignements. Ses proches avaient tenté de l'en dissuader : le périple qui le conduirait du nord-est du Tibet en Inde *via* l'Himalaya et le Népal serait ardu et dangereux. Mais il avait refusé de les entendre. Sa mère avait vendu tous ses bijoux et son bétail, elle avait emprunté de l'argent à des parents et elle était parvenue à réunir les fonds nécessaires au voyage. Elle espérait encore la guérison pour son fils. Peut-être aurait-il cette chance en Inde, où le bouddhisme était né.

Après avoir échangé quelques mots avec ses compatriotes, le dalaï-lama s'est tourné pour partir. Le jeune homme ne voulait plus lui lâcher la main. Le dalaï-lama a parlé à l'un de ses assistants. Il voulait que Tséten Dordjé Sadoutshang, qui est à la fois l'un de ses médecins personnels et le directeur du Delek Hospital de Dharamsala, examine l'aveugle pour voir s'il y avait quelque chose à faire. Après quoi il a quitté le temple de la Mahabodhi et il est rentré au monastère tibétain.

12

Comme de l'argile qu'on modèle

Deux ou trois jours après la rencontre du dalaï-lama et du jeune aveugle, je dînais, comme à mon habitude, dans le petit réfectoire aménagé au premier étage du monastère tibétain de Bodhgaya. Tous les membres de l'entourage du dalaï-lama, du secrétaire de son Bureau privé à ses gardes du corps, y prennent leur repas. Le plus souvent, le menu se compose de plats tibétains traditionnels : boulettes de pâte nature accompagnées d'une soupe aux nouilles et aux légumes.

Au moment où je commençais à manger ma soupe, Tséten Dordjé Sadoutshang s'est glissé à côté de moi. Nous avions fait connaissance deux ans plus tôt au Spiti, un ancien royaume tibétain situé au nord de Dharamsala. Maigre comme un coucou, cet homme à l'expression intense semble toujours plongé dans une savante introspection. Il prend soin de peser ses mots. La plupart du temps, il reste à l'écart, mais il peut aussi se montrer étonnamment sociable à l'occasion.

Je lui ai demandé des nouvelles de Lobsang Trinlé, l'aveugle venu du Tibet.

« J'ai reçu le message de Sa Sainteté, m'a-t-il répondu. Mais avant d'aller voir le patient, j'ai appris qu'un jeune Tibétain, moine au monastère de Drépoung, en Inde du Sud, voulait lui faire don de ses yeux. »

J'ai cessé de manger et j'ai promené le regard autour de moi pour voir la réaction des autres. Personne ne semblait avoir entendu.

« C'est stupéfiant, a repris ce médecin diplômé de Harvard. C'est la première fois que j'entends une chose pareille. Les dons d'yeux viennent de morts, jamais de vivants.

— Les deux hommes sont-ils apparentés ? ai-je demandé après un long moment de silence.

— Ils se sont rencontrés au pèlerinage de Sarnath, puis ils ont pris le train ensemble pour Bodhgaya. Ils ne se connaissent que depuis quelques jours.

— Et après, vous avez vu le jeune aveugle ?

— Oui. Je suis allé au camp où résident les pèlerins tibétains. Deux ou trois cents individus vivent dans des tentes dressées derrière le temple. Ils ont tous réussi à franchir l'Himalaya et à traverser le Népal. À la frontière, ils ont payé les gardes pour pénétrer en Inde. L'aveugle logeait avec une dizaine d'autres personnes. Sa mère a pleuré durant toute ma visite.

— Vous l'avez examiné ?

— Non, je n'ai pas pu. Il n'y avait pas assez de lumière et je n'avais pas pris mes instruments.

— Vous lui avez parlé de la proposition du moine ?

— Il était déjà au courant. Je lui ai dit qu'il devrait d'abord pratiquer des examens complets pour qu'on sache où réside son problème oculaire. Il faudra aussi vérifier si tous deux sont compatibles, si la greffe est possible. »

J'ai recommencé à manger ma soupe. Le docteur Tséten avait les yeux fixés sur son bol de nouilles, auquel il avait à peine touché.

« Le jeune aveugle m'a dit avoir mûrement réfléchi

à ce don, a-t-il poursuivi. Bien sûr, il était terriblement ému. Mais il a déclaré qu'il devait refuser. Il a énormément souffert et l'idée qu'un autre connaisse ces mêmes tourments lui est insupportable. »

Le médecin m'a alors raconté que, le lendemain, il était allé au camp où réside Tséring Teundroup, le moine originaire de Drépoung, pour le rencontrer. L'homme qui avait proposé de faire don de ses yeux n'était pas là.

« Hier, je suis allé voir Sa Sainteté pour lui parler de la proposition du moine.

— Comment a-t-elle réagi ?

— Ç'a été l'un des moments les plus précieux de ma vie, a-t-il répondu avec calme. Avant même que j'aie fini de lui raconter l'histoire, j'ai senti un déferlement d'empathie, de compassion, venues du plus profond de lui. C'était une réalité quasi physique. Mais Sa Sainteté n'a rien dit. Les larmes me sont montées aux yeux. Je n'avais jamais rien ressenti de tel. Une compassion si forte, qui m'enveloppait, qui s'infiltrait en moi... »

La compassion est l'un des thèmes sur lesquels le dalaï-lama revient sans cesse. Je n'ai jamais assisté, me semble-t-il, à l'une de ses conférences ou à l'un de ses enseignements sans l'entendre traiter la question. Je sais aussi qu'il médite sur ce point tous les matins depuis cinquante ans.

Lors d'un entretien, je lui ai demandé de me donner son avis sur la compassion. Comme d'habitude, Lhagdor se tenait à ses côtés.

« La compassion est une attention, une préoccupation qui se porte sur les difficultés et les souffrances d'autrui, m'a-t-il dit. Pas seulement de la famille ou des amis, mais de tous les autres, y compris des ennemis. Si nous analysons nos sentiments, nous comprenons qu'en pensant uniquement à nous, en oubliant autrui, notre esprit occupe un espace minuscule. À l'intérieur de cet espace, même un petit problème semble énorme. Mais dès que nous nous préoccupons des autres, nous comprenons que, comme nous, ils veulent le bonheur et le plaisir. Quand cette préoccupation est présente, l'esprit s'élargit automatiquement. À ce stade, nos problèmes, même les plus sérieux, perdent de leur importance. Le résultat ? Une plus grande paix de l'esprit. Si vous ne pensez qu'à vous et à votre bonheur, vous obtiendrez moins de bonheur, plus d'anxiété et plus de peur.

« C'est ce que j'appelle l'effet compassionnel. Si on veut un authentique bonheur, toutes les méthodes se valent, mais la meilleure est celle-ci : penser à autrui pour être le premier à en retirer un maximum de bienfaits. »

Je lui ai demandé comment il en était arrivé à cette compréhension de la compassion.

« À trente-deux ans, j'ai fait une forte expérience de la compassion. En 1967, un grand lama m'a transmis l'enseignement de *l'Entrée dans la pratique des bodhisattvas* de Shantideva. Depuis lors, je lis et je réfléchis sur la compassion. Mon esprit en est proche. Elle m'inspire un sentiment très puissant. Souvent, quand je pense au sens et aux bienfaits de l'esprit altruiste, j'en pleure. »

Il s'est tourné vers Lhagdor pour lui parler en tibétain. L'interprète a traduit : « Sur la base de sa propre compréhension, la croissance de la compassion a été incessante depuis ce temps-là. Quand il méditait sur la compassion, il était parfois empli de joie et d'affection. Un fort sentiment de préoccupation envers autrui s'accompagnait de tristesse.

— Y a-t-il eu une autre étape dans la croissance de votre compassion après 1967 ? ai-je demandé au dalaï-lama.

— C'était continu, a-t-il répondu en anglais avant de s'adresser de nouveau en tibétain à Lhagdor.

— À la fin des années 1980, Sa Sainteté a senti que son expérience de la compassion se renforçait », a traduit Lhagdor. J'ai remarqué que le dalaï-lama hésitait à me parler directement de sa réalisation spirituelle. Peut-être voulait-il éviter de passer pour un vantard à mes yeux. De toute évidence, il était plus à l'aise quand il s'exprimait par le truchement de Lhagdor.

« Depuis, le sentiment de la compassion vous vient plus facilement ? lui ai-je demandé.

— Oui », a-t-il confirmé. Et il a ajouté quelques mots en tibétain.

Lhagdor a traduit : « Après avoir connu cette véritable expérience de la compassion, il y a eu ces épisodes fréquents de...

— Conviction est le mot juste, est intervenu le dalaï-lama. Je ne peux pas parler de véritable expérience, mais de forte conviction. »

Lhagdor a repris : « Dès qu'il méditait ou qu'il réfléchissait sur la compassion, il éprouvait d'intenses émotions qui lui tiraient les larmes des yeux, y compris lors d'enseignements publics ou de travaux d'études privés. Lorsque Sa Sainteté pensait à certaines explications profondes de la vacuité, elle ressentait aussi des émotions fortes. C'était une indication de sa forte conviction.

— Je crois que la forte conviction ou les fortes émotions donnent davantage de force intérieure, a expliqué le dalaï-lama. Quand j'affronte des problèmes, des critiques, par exemple les critiques sans fondement des Chinois, bien sûr, j'éprouve parfois un peu d'irritation...

— Mais il éprouvera quand même ce sentiment de compassion à leur égard, a conclu Lhagdor. Il regrettera qu'ils ne créent pas de lien positif avec lui. Malgré cette négativité, il sent qu'il en résultera du bien. Autre chose : Sa Sainteté veut insister sur le fait que, pour elle, la croissance de la compassion est le fruit d'une longue pratique.

— D'un travail ardu ? ai-je risqué.

— Non, pas très ardu, a répondu le dalaï-lama. Tôt le matin, je réfléchis quelques minutes à la compassion. J'effectue un peu de méditation analytique. Bien sûr, tous les matins, je fais un vœu altruiste. Je pense à la compassion et je récite quelques stances, jusqu'à ce que j'éprouve un sentiment fort. Comprendre la vacuité aide à accroître la compassion. Il ne fait aucun doute que ça renforce la compassion. » De son index droit, il a fendu l'air à plusieurs reprises.

Lhagdor a développé : « La vacuité nous permet de comprendre la réalité ultime. Elle nous aide à apprécier la sagesse de l'interdépendance, une loi essentielle de la nature. Nous mesurons le fait que nous sommes tous fondamentalement reliés. C'est grâce à cette interconnexion que nous pouvons éprouver de l'empathie pour ceux qui souffrent. Grâce à l'empathie, la compassion surgit naturellement. Nous ressentons une authentique sympathie envers ceux qui souffrent et nous avons la volonté d'aider à éliminer leur douleur. La vacuité renforce donc les émotions positives telle la compassion. »

Vacuité et compassion. Sagesse et méthode. Voilà les deux piliers de la pratique du dalaï-lama, les seules données que nous ayons à connaître sur le sujet. Pour illustrer leur importance, il recourt souvent à une métaphore : un oiseau a besoin de deux ailes pour voler. Un être doté de sagesse, mais privé de compassion, est comme un ermite solitaire qui végète dans les montagnes ; un être doté de compassion, mais privé de sagesse, n'est qu'un aimable sot. Les deux qualités sont nécessaires ; elles se renforcent mutuellement. Quand nous avons compris que nous sommes tous interconnectés, il nous est difficile de ne pas éprouver une certaine compassion pour nos frères humains et leurs problèmes. Et dès que nous ressentons de la compassion, nous commençons à entrapercevoir la vérité intemporelle de l'interdépendance, de la vacuité.

Le dalaï-lama avait l'air songeur. Au bout d'un moment, il s'est tourné vers moi et ses yeux ont cherché les miens. « J'ai une certitude, m'a-t-il déclaré. Je vous le dis, la double pratique de la vacuité et de la compassion est... » Et il a poursuivi en tibétain.

Lhagdor a pris la parole : « Sa Sainteté peut dire en toute conviction : si vous méditez sur la vacuité et la compassion, alors Sa Sainteté est sûre que, jour après jour, tant que vous ferez cet effort, vous obtiendrez des bienfaits tangibles. Toute votre attitude changera.

— Je juge ces deux pratiques très intelligentes... » Le dalaï-lama avait hésité. « Intelligentes » ne lui semblait pas être le terme approprié. Le regard fixé sur le vide, les paumes jointes à hauteur du visage, il a ajouté : « Je crois... efficaces. Comprendre la vacuité adoucit tout. Alors la compassion donne une nouvelle forme. » À ces mots, il a frappé ses mains l'une contre l'autre, à la façon de cymbales.

« Comme de l'argile qu'on modèle... a avancé Lhagdor.

— Ces propos sur la compassion sont du vécu, en fonction de mon expérience, a ajouté le dalaï-lama. Je raconte certaines de mes expériences, je fais part de certains de mes sentiments, et les autres comprennent :

il y a cette dimension de réalité. Sinon, beaucoup de gens ont l'impression qu'il s'agit de l'équivalent bouddhique du paradis. Une idée, un concept, mais pas du vécu...

— Presque un conte de fées ! » a lancé Lhagdor pendant que le dalaï-lama se balançait sur sa chaise, le corps secoué par le rire.

13

Comment on devient yogi spatial

Cinq soldats indiens formaient un bouclier humain autour du dalaï-lama, qui gravissait à petits pas la pente du pic des Vautours, l'un des principaux lieux de pèlerinage des bouddhistes. Membres d'une unité spéciale de l'armée indienne, ces hommes étaient tout de noir vêtus : chemise à manches longues, turban à pans flottants et pantalon au pli impeccable. Une écharpe leur cachait la moitié inférieure du visage, de sorte que seuls leurs yeux étaient visibles. Tous étaient munis d'une arme automatique. De plus, deux d'entre eux, tireurs d'élite confirmés, portaient en bandoulière un fusil de précision. Même sans cet arsenal, leur carrure aurait suffi à les rendre impressionnants. Ils mesuraient plus de 1,80 mètre et semblaient parfaitement entraînés.

D'autres militaires en uniforme kaki et béret bleu suivaient le petit groupe. Je n'avais jamais vu le dalaï-lama aussi bien protégé en Inde. Il n'avait pas souvent eu l'occasion de visiter ce site reculé du Bihar, l'État le plus pauvre et le plus agité du pays. Les autorités n'avaient rien laissé au hasard.

Le dalaï-lama progressait avec lenteur, sur un rythme égal, en s'appuyant lourdement sur la maigre branche qui lui servait de canne. Parfois, il bavardait un moment avec les gens de son escorte, mais la plupart du temps, il gardait le silence. Au quart de l'ascension, il a ôté son étole bordeaux et l'a tendue à Boutchoung, son serviteur, qui l'a pliée avec soin. À un moment donné, il s'est écarté du sentier pour jeter un coup d'œil à une petite grotte, située sur le flanc de la montagne, où un disciple du Bouddha s'était retiré pour méditer, deux mille cinq cents ans auparavant.

Lorsqu'il a atteint le sommet, il était en sueur. Après s'être arrêté, il a fouillé dans sa tunique monacale, d'où il a sorti un mouchoir en papier qu'il s'est passé sur le visage. Tenzin Taklha, l'homme qui n'est jamais loin, s'est légèrement incliné en tendant la main pour recevoir le mouchoir usagé, que le dalaï-lama a rangé dans sa tunique.

Le sommet du pic des Vautours se compose d'un minuscule espace plat dont trois côtés sont bordés par de gros rochers. Le quatrième s'ouvre sur un précipice qui s'achève dans la vallée. Un enclos de briques en forme de U, qui se dresse à hauteur de la taille, s'élève sur la zone plate. De nombreuses bougies y avaient été laissées en offrande.

Après s'être prosterné, le dalaï-lama s'est dirigé vers le gouffre. Il a plongé le regard dans la vallée de Rajgir, qui s'étend à trois heures de route de Bodhgaya. Une piste rouge traverse les champs verdoyants jusqu'aux hautes montagnes qui surplombent la campagne. Malgré la splendeur du panorama, le dalaï-lama ne s'est pas attardé. Il pensait aux prières – aux soutras qui expliquent le concept de vacuité – qu'il était venu réciter sur les lieux où, deux millénaires et demi plus tôt, le Bouddha avait exposé sa doctrine de la vacuité, un concept central de sa pensée.

Lors de certains entretiens qu'il m'avait accordés, le

dalaï-lama m'avait expliqué en détail les notions d'interdépendance et de vacuité, ainsi que le lien qui les unit. Ce sont les deux faces d'une même médaille, deux façons d'appréhender la même idée. Il m'avait dit que l'existence de tout – une tasse à café comme un sentiment de jalousie – dépend entièrement d'un réseau complexe de relations. Si l'on y réfléchit suffisamment, on comprend que, en toute logique, ces éléments ne peuvent exister de façon indépendante. Selon les propres termes du dalaï-lama, ils sont vides de vie propre. Ils n'ont pas d'existence intrinsèque. Autrement dit, ils sont vacuité. Il m'avait aussi précisé que, pour apprécier pleinement ces notions essentielles, pour transcender la simple compréhension intellectuelle, il était indispensable de se livrer à une pratique spirituelle qui faisait appel à de longues périodes de méditation.

Lors d'un autre entretien, j'ai voulu savoir comment il avait découvert le concept de vacuité et comment celui-ci avait pris une importance aussi cruciale dans sa vie.

« La vacuité n'est pas facile à comprendre, m'a-t-il répondu. Mais après m'être doté d'une certaine compréhension, après avoir connu certaines intuitions directes, j'ai pris conscience du fait qu'elle s'applique à presque toutes les expériences, presque toutes les situations. »

Il s'est tourné vers Lhagdor pour lui parler en tibétain. « Quand on accumule le savoir, avec le temps, l'influence de la vacuité sur la vie se fait plus prononcée, a déclaré l'interprète.

— Je pense que vers l'âge de vingt ans, je m'intéressais déjà sincèrement à la vacuité, a repris le dalaï-lama en oscillant doucement d'avant en arrière sur le bord de sa chaise. Je me souviens d'un incident qui s'est produit en 1954, alors que j'assistais au Congrès populaire national, à Pékin. Certaines journées étaient moins prises que d'autres. J'ai donc demandé à étudier la vacuité avec Ling Rinpotché, mon tuteur principal. Ça prouvait mon intérêt. »

Il s'est tu et a mis fin à son balancement. Droit comme un I, il gardait les yeux fixés sur le vide. Au bout d'un moment, il s'est gratté le menton et a recommencé à s'exprimer en tibétain à l'intention de Lhagdor. Il promenait doucement sa main droite sur sa poitrine dans un mouvement circulaire. Tout en traduisant, Lhagdor se penchait en avant, le regard rivé à celui du dirigeant tibétain : « En 1963, Sa Sainteté approchait des trente ans. Un jour qu'elle lisait un texte bouddhique, elle est tombée sur un vers qui disait : "*Je* s'applique simplement au moi des agrégats physiques (à l'union du mental et du physique)." Dès qu'elle l'a lu, elle a éprouvé une sensation étrange, fait une expérience étrange. » Sa voix n'était plus qu'un murmure rauque. Je devais faire un effort pour l'entendre.

« Combien de temps ont-elles duré ? ai-je demandé.

— Ce sentiment a duré, je crois, quelques semaines », a répondu le dalaï-lama. Il s'est de nouveau adressé à Lhagdor. Son front s'est déridé. Il a baissé les yeux en balayant l'air de sa main tendue vers le tapis. L'émerveillement se lisait sur ses traits.

« À cette époque, a traduit Lhagdor, dès qu'il voyait quelqu'un, quelque chose... ce tapis, par exemple, il les voyait tels qu'ils étaient, mais il remarquait aussi qu'ils n'avaient pas d'essence. Il avait l'impression distincte qu'il n'y a pas de "je". Ce n'est pas que le "je" n'existe pas. D'une certaine façon, il avait l'impression d'une absence de "je" au sens où nous l'entendons.

— Une absence de réalité concrète », a déclaré le dalaï-lama d'une voix forte. Il a levé les mains au niveau de sa poitrine et les a fortement serrées l'une contre l'autre.

« Aviez-vous des visions ? » ai-je hasardé d'une voix timide. Je ne savais pas s'il était sage de poursuivre dans cette direction. Je venais de m'apercevoir que la conversation avait pris un tour inattendu. Le dalaï-lama me faisait part d'une donnée très intime, que seuls quelques individus devaient connaître.

« Non, a-t-il répondu.

— Mais il y avait cette expérience de l'absence de "je".

— Oui. »

Une fois de plus, il s'en est remis à Lhagdor. « Sur le plan physique, une sorte d'éclair lui a traversé le cœur, a expliqué l'interprète. Il a vécu une espèce de choc électrique. »

J'avais la désagréable impression d'être indiscret. Pour un bouddhiste, la réalisation spirituelle est une expérience personnelle et c'était la première fois qu'un pratiquant sérieux m'en parlait. Toutefois, j'avais besoin de me faire confirmer ces propos. « Un choc électrique qui vous a traversé le corps ? ai-je demandé au dalaï-lama.

— Oui », a-t-il répondu. Les mains croisées sur le ventre, il m'observait de près.

J'ai entendu un petit déclic qui semblait venir de loin. Je me suis alors aperçu que mon magnétophone s'était arrêté, car la cassette était pleine. Craignant de ne pouvoir sortir une cassette vierge de mon sac, j'ai gardé les yeux fixés sur le dalaï-lama. Lhagdor me remettrait plus tard une copie de l'entretien.

« En quelques semaines, vous avez vu les objets comme étant privés d'essence, de substance ? » ai-je insisté. Impassible, le dalaï-lama était assis tout droit sur sa chaise. À cet instant précis, je lui ai trouvé une forte ressemblance avec le Bouddha. Je ne pouvais m'empêcher d'être impressionné.

« Oui. Si je pensais au non-moi, à l'absence de "je", alors tout ressemblait à un film. C'est un peu comme regarder la télévision, mais surtout comme au cinéma. On peut avoir l'impression que tout est réel. Mais pendant que les yeux voient, l'esprit sait que c'est du cinéma, du jeu, que ce n'est pas réel. On peut donc voir le même film de deux façons : sans comprendre que c'est du cinéma, ou en sentant que c'est du cinéma. »

Il m'expliquait que sa vision avait changé après cette étrange expérience de 1963. Désormais, il voyait deux facettes à tout. L'une était concrète, réelle, palpable, comme ce que nous rencontrons au quotidien : un réfrigérateur, la colère ou des proches. L'autre révélait l'irréalité sous-jacente des choses – ces choses qui sont pareilles à du cinéma –, dont l'essence n'est que mirage en Technicolor projeté sur grand écran. Leur existence, caractérisée par un changement constant et par l'impermanence, dépendait d'un réseau de relations. Tout – le réfrigérateur, la colère ou les proches – pouvait se voir selon ces deux perspectives.

Le dalaï-lama m'affirmait que l'influence de l'incident de 1963 lui était restée. Tout en pratiquant et en méditant au jour le jour, il avait été traversé d'intuitions spirituelles de plus en plus nombreuses. Dès que la pensée du « moi » ou du « je » lui venait à l'esprit, elle s'accompagnait d'une sensation de vacuité, d'« absence de je ».

« Avant, m'a-t-il dit, je n'éprouvais ce sentiment qu'en y réfléchissant sérieusement et continuellement, au moins pendant plusieurs minutes. Aujourd'hui, dès que je me souviens de la vacuité, le tableau change totalement.

— C'est une forte prise de conscience de la vacuité ? lui ai-je demandé.

— Oui. » Puis il s'est empressé de faire machine arrière. « De la vacuité... je ne sais pas. » Je sentais qu'il tenait à rester prudent.

« En quoi est-il important de voir l'intangible des choses ? Quel est le rapport avec votre vie ? »

Il a parlé à Lhagdor.

« Normalement, nous avons tendance à voir les choses de façon concrète, tangible, a traduit celui-ci. Nous avons donc tendance à faire porter notre emprise sur elles, à nous y attacher. Nous nous accrochons à l'idée d'un moi séparé, de choses séparées. Nous avons soif de nouvelles expériences, de nouvelles acquisitions. Mais dès que nous possédons, l'excitation disparaît et nous cherchons d'autres biens. Ce cycle incessant de l'avidité nous vaut notre souffrance.

« Dans le cas de Sa Sainteté, cette attitude d'emprise ne se manifeste pas, car le "moi" a beau souhaiter, désirer, il perçoit ultimement la montre Rolex comme étant impermanente, changeante, éphémère. Vacuité. Pareille à un mirage, elle n'est pas tout à fait réelle. On ne peut pas vraiment l'appréhender. Il n'y a donc pas à la convoiter. Si nous nous dotons de cette compréhension de la vacuité, de l'avidité, alors la source de notre souffrance se tarit. »

Le dalaï-lama s'est de nouveau exprimé en tibétain. Après quelques instants, il a éclaté d'un de ces rires qui lui secouent tout le corps. Il agitait la tête de droite à gauche. La joie lui inondait le visage au point que ses yeux en disparaissaient.

« Sa Sainteté dit qu'elle se vante, que ça lui rappelle "l'imbécile qui prend les autres pour des imbéciles" », a traduit Lhagdor avec un large sourire.

J'ai regardé mes notes. L'entretien avait bel et bien

pris une direction inespérée. Une nouvelle pensée m'est venue et j'ai demandé au dalaï-lama : « À qui parlez-vous de votre réalisation spirituelle ?

— Au début des années 1970, j'en ai parlé à Ling Rinpotché. Je lui ai presque fait un compte rendu de ma compréhension de la vacuité et il... » Il a hésité et s'est tourné vers Lhagdor pour finir sa phrase en tibétain.

« Ling Rinpotché a dit à Sa Sainteté qu'elle deviendrait très bientôt un yogi spatial, a déclaré l'interprète. C'est un pratiquant qui parvient à une vacuité spatiale, qui est parvenu à l'Éveil substantiel.

— Connaissez-vous cet état ? ai-je demandé en envoyant promener mes hésitations.

— Je ne sais pas », a dit le dalaï-lama. J'ai remarqué qu'il se tournait les pouces, puis j'ai compris que ses mains, confortablement posées sur son ventre, faisaient défiler sur un rythme égal les perles d'un rosaire invisible. Il s'est encore une fois adressé à Lhagdor.

« Il fait tout le temps des progrès, a dit celui-ci. Sa Sainteté a une certitude : si Ling Rinpotché était vivant et si Sa Sainteté l'entretenait de sa réalisation spirituelle, Ling Rinpotché serait sans aucun doute content.

« Si Sa Sainteté vous explique tout ça, c'est pour une raison, a-t-il ajouté de son propre chef. En temps normal, il est tout à fait inconvenant d'en parler.

— C'est vrai. Quand j'explique certaines de mes expériences liées à la compassion et à ma compréhension de la vacuité, je veux qu'on comprenne... » a repris le dalaï-lama, avant de poursuivre en tibétain à l'intention de Lhagdor.

« Parfois, Sa Sainteté parle de son évolution spirituelle pour inspirer les gens, a traduit Lhagdor, mais elle conclut toujours par ces mots : “Je ne dis pas que je suis un bodhisattva, que je suis parvenu à l’Éveil.” Elle veut faire comprendre ceci : de par sa propre expérience, elle remarque qu’on peut toujours progresser. Elle dit donc à son auditoire : “Je ne suis pas un bodhisattva, je n’ai pas cultivé la bodhicitta – l’altruisme infini –, je suis comme quelqu’un qui peut voir le sommet de la montagne.” »

— Je n’ai pas atteint le sommet, mais j’ai le sentiment que je peux y parvenir, est intervenu le dalaï-lama en se pinçant le nez.

— Vous le sentez... » ai-je suggéré.

Les ombres s’étiraient sur la charmante véranda qui prolongeait la pièce. Le dalaï-lama a regardé sa montre et m’a averti : « Encore cinq minutes. » Je me trouvais là depuis bientôt deux heures. Une légère panique m’a envahi, car j’avais encore une page et demie de questions à lui poser. Pendant que j’en choisissais une, Lhagdor s’est tourné vers moi et m’a dit : « Il y a toujours danger à aborder des sujets comme la croissance spirituelle.

— Lequel ? » J’étais surpris qu’il ait pris sur lui de me tenir ces propos en présence du dalaï-lama. Il avait l’habitude de garder le silence tant qu’on ne lui demandait pas de jouer les interprètes.

« Si vous dites que vous avez pris conscience de la vacuité alors qu’il n’en est rien, a-t-il expliqué.

— Le danger, a ajouté le dalaï-lama, est celui-ci : même si je n’en ai pas l’intention, sur la base de mes affirmations, quelqu’un va me croire parvenu à un état supérieur. S’il le croit parce qu’il a la foi, on peut admettre que c’est bien. Mais s’il le croit à cause de mes affirmations, et si je me dis... » Il a marqué un temps d’arrêt.

Lhagdor a complété sa pensée. « Si Sa Sainteté se

dit : “D’accord, il est bon qu’il ait cette idée”, alors il y a un risque.

— Il y a une motivation égoïste », a précisé le dalaï-lama.

Une fois de plus, j’étais frappé par l’inflexibilité avec laquelle il examine ses motivations dans l’action. C’est une réaction conditionnée qui se produit dès qu’il ouvre la bouche ou qu’il prend une décision.

« Pour tout le monde, laïc ou moine, mentir, c’est pécher, c’est négatif, a-t-il repris d’une voix plus forte. Mais je suis moine, j’ai reçu l’ordination complète. Si je dis que j’ai une expérience profonde de la réalisation spirituelle alors que je sais être privé de cette qualité, alors je mens. On peut me forcer à quitter la robe, à ne plus être moine.

— Ce n’est pas un petit mensonge, mais un mensonge énorme, très spécial, a renchéri Lhagdor.

— C’est comme avoir une conduite sexuelle inappropriée, tuer un être humain ou voler, a repris le dalaï-lama.

— Quatre motifs, ai-je dit.

— Et on n’est plus moine. Voilà pourquoi c’est dangereux », a conclu le dalaï-lama.

L’entretien était parvenu à son terme. Le dalaï-lama s’est avancé pour me serrer dans ses bras. Lorsqu’il est sorti, j’ai commencé à rassembler les affaires que j’avais éparpillées sur la table basse : des carnets de notes, les feuillets où mes questions étaient tapées, des photocopies d’articles, mon magnétophone. Lhagdor m’a aidé à tout mettre dans mon sac. Contrairement à notre habitude en fin de séance, nous n’avons pas parlé de la pluie et du beau temps. Je me sentais vidé et il avait l’air dans le même état que moi. Quand nous avons quitté la salle d’audiences, il m’a effleuré le coude. Je me suis retourné pour le regarder. Son visage semblait doux, un rien vulnérable.

« Vous savez, Victor, m'a-t-il dit d'un ton paisible, j'ai entendu Sa Sainteté traiter ces sujets auparavant, mais jamais aussi profondément, avec autant de détails. Les moines et les lamas des monastères n'en croiraient pas leurs oreilles s'ils entendaient cette interview. » Ses yeux cherchaient les miens. « Ils seraient si inspirés, si émus qu'ils en deviendraient fous ! »

14

Les cerfs-volants de soie blanche

La chambre me convenait. Spacieuse et haute de plafond, c'était l'une des rares qui soient mises à la disposition d'invités à Circuit House – cette demeure coloniale accueille les officiels indiens en visite à Rajgir, la bourgade située près du pic des Vautours. Seule la salle de bains me déplaisait. Il n'y avait pas d'eau chaude et les toilettes étaient de type oriental : un trou pratiqué dans le sol. Mes jambes n'ont jamais été assez musclées et je n'ai jamais été assez souple pour m'y habituer. La pièce ouvrait toutefois sur une grande véranda meublée de quelques sièges en rotin et de tables basses. Je m'imaginais, assis face au soleil couchant, vêtu de lin blanc et sirotant un gin-tonic bien frais, garni d'une rondelle de citron. Je devais mon séjour sur place au Bureau privé du dalaï-lama. Le gouvernement indien facturerait le prix de la nuit – dix roupies, soit quelques centimes d'euro – à Dharamsala.

À l'origine, je n'avais pas prévu de dormir à Circuit House, mais il y avait eu changement de programme. Depuis quinze jours, j'accompagnais le dalaï-lama dans son pèlerinage sur certains des sites bouddhiques les plus importants du pays. Après avoir effectué la pénible ascension du pic des Vautours, il avait décidé de se rendre directement dans un hôtel de Patna, à trois heures de route de là. Cette halte couperait le long et difficile voyage qui devait le ramener à Bodhgaya par les mauvaises routes du Bihar. Il serait donc frais et dispos pour pratiquer le grand rituel de Kalachakra devant deux cent mille fidèles. Je n'avais pas voulu le suivre à Patna, car l'idée de faire un si long trajet en voiture à une heure si tardive me rebutait.

Je partageais la chambre avec Tséten Dordjé Sadoutshang, l'un de ses médecins, qui m'a rejoint au moment où j'allais me coucher. D'une nature calme et réservée, cet homme s'est toujours montré chaleureux avec moi. Nous avons quelques points communs. Une partie de sa famille est établie à Vancouver, où je vis, et nos enfants sont des préadolescents. De plus, nous aimons nous entretenir longuement du dalaï-lama.

Avant d'éteindre la lumière, mon compagnon m'a appris la raison de sa présence à Rajgir. Pourquoi, de son propre chef, avait-il suivi le dalaï-lama pendant son pèlerinage au pic des Vautours et à Nalanda ? Dans ces régions reculées, les routes sont défoncées et les structures médicales rares et espacées. Il se trouvait là au cas où... Ce n'est pas facile d'avoir le dalaï-lama pour patient. Il a tendance à s'offusquer si ses troupes le rappellent à l'ordre, et le fait d'être entouré de médecins lors de ses déplacements le révolte ; selon lui, les hommes de l'art devraient se mettre au service de la population au lieu de le harceler. Au fil des ans, le docteur Tséten s'y était accoutumé. Il avait appris à surveiller son patient avec discrétion.

Le lendemain matin, à mon réveil, j'ai constaté qu'il était déjà sorti. J'ai pris une douche glaciale, j'ai fait mon sac et je suis sorti sur la terrasse. Je me suis assis sur un fauteuil en osier au dossier évasé pour profiter de la fraîcheur. Une fine couche de brume adoucissait le rouge de la terre. Oublieux du monde après une nuit d'aventures, deux ou trois chiens errants étaient roulés en boule sous un arbre. À part les oiseaux, tout était silencieux.

Le docteur Tséten a gravi les marches quatre à quatre. Sans même me saluer, il m'a lancé : « Voilà. La voiture est prête. Il faut partir tout de suite. Nous n'avons pas le temps de prendre le petit déjeuner. » Il a attrapé ses affaires et dévalé l'escalier. Je l'ai suivi.

Tandis que nous traversions les jardins de Circuit House, il m'a mis au courant. Il avait reçu un coup de fil de Tenzin Taklha, le secrétaire particulier adjoint de Sa Sainteté. Sur la route de Patna, celle-ci avait souffert de fortes douleurs abdominales. Elle avait passé la nuit au Maurya Hôtel, à Patna. Elle n'était pas en état de poursuivre vers Bodhgaya. Après avoir raccroché, le docteur Tséten avait appelé ses collègues, les docteurs Namgyal et Dawa, deux spécialistes de la médecine tibétaine qui travaillent dans une clinique gratuite réservée aux pèlerins de Bodhgaya. Comme nous, ils se rendaient à Patna.

Coincé entre deux immeubles d'appartements miteux, le Maurya est le meilleur hôtel de Patna. Des journalistes indiens se pressaient dans son petit hall, dont ils avaient fait leur quartier général. Ils attendaient des nouvelles du dalaï-lama. Un garde du corps a aussitôt conduit le docteur Tséten à la chambre du patient. Après avoir pris un petit déjeuner au restaurant, je suis monté au deuxième étage. Une armada de Tibétains, membres du personnel de sécurité, faisait les cent pas dans le couloir. Le docteur Tséten et Tenzin Taklha étaient invisibles.

La situation semblait sérieuse. Je voyais la préoccupation se peindre sur le visage des gardes du corps, d'ordinaire assez joviaux. Les trois médecins chargés de veiller sur le dalaï-lama étaient venus l'examiner. Depuis la première audience qu'il m'avait accordée, en 1972, il n'avait jamais souffert de rien, sauf, à l'occasion, d'une grippe ou d'une indigestion. La seule maladie grave qu'il ait contractée était une hépatite B. À cause d'elle, il avait dû garder le lit un mois durant en 1967. La communauté des exilés en avait été traumatisée.

En fin de matinée, je suis rentré à Bodhgaya sans le docteur Tséten. Tandis que le chauffeur se faufilait entre les innombrables voitures qui circulaient à Patna, j'étais taraudé par une impression désagréable.

Malgré trois jours de repos pris à Patna, le dalaï-lama allait toujours aussi mal. Un hélicoptère du gouvernement l'a transporté au petit aéroport de Gaya. De là, une voiture l'a conduit au monastère de Sétchen, au cœur de Bodhgaya. Lorsqu'il est sorti du véhicule, il a été accueilli par Tchimé-la, la grande et forte fille de feu Dilgo Kyentsé Rinpotché, le légendaire fondateur de l'institution. Il a agrippé le bras gauche de la jeune femme et s'est appuyé de tout son poids sur elle. Tous deux sont entrés d'un pas lent dans le bâtiment. Rabdjam Rinpotché, l'actuel abbé, a détourné les yeux. Des larmes coulaient sur ses joues. Le visage défait du dalaï-lama le bouleversait.

Le lama incarné de huit ans était assis derrière une table basse, drapée de brocarts aux motifs complexes. L'œil ne savait où se poser, tant les couleurs du tissu étaient vives et les fleurs qui jonchaient le meuble abondantes. Des soucis jaunes s'entassaient sur des plats en cuivre qui contenaient de l'eau. Des glaïeuls roses se mêlaient à des lilas mauves dans un vase en laiton. Un immense dossier brodé de dragons folâtrant sur un fond doré rapetissait l'enfant. Vêtu d'une robe bordeaux et jaune, Yangsi Rinpotché se comportait comme un prince sur un trône. Flanqué de Rabdjam Rinpotché et d'autres grands lamas, il dominait les moines tibétains rassemblés en nombre dans la cour du temple de la Mahabodhi, à Bodhgaya, afin de prier pour un prompt rétablissement du dalaï-lama. Le malade résidait dans la ville depuis quelques jours, mais aucun signe n'indiquait une quelconque amélioration de son état de santé.

Le bas du visage couvert d'un masque chirurgical, un religieux s'est approché du garçonnet. Il portait une cage en métal qui renfermait une perruche à collier rose, un oiseau vert de la taille d'un petit perroquet. Il a incliné le buste pour présenter la cage à Yangsi Rinpotché, qui s'est penché en avant pour souffler sur le volatile. Ce faisant, le jeune lama bénissait un être sensible parmi tant d'autres. Il a alors voulu saisir l'anneau situé au sommet de la cage. L'oiseau ombrageux a battu des ailes avec violence, et l'enfant, surpris, a vite retiré sa main. Le religieux a ouvert la porte de la cage et la perruche s'est maladroitement élancée dans les airs. Un éclair vert, puis plus rien... Ravi, le garçonnet a lancé un regard à Rabdjam Rinpotché, qui souriait à belles dents. Son jeune élève venait, presque tout seul, d'accomplir un acte méritoire qui pouvait se répercuter sur l'état de santé du dalaï-lama.

J'étais assis non loin d'un groupe de pèlerins tibétains assez âgés. L'un d'eux manipulait un moulin à prières de sa confection : un épais bâton couronné d'un volant jaune sur lequel des prières étaient inscrites. Il avait planté le bâton en terre et le faisait tourner dans le sens des aiguilles d'une montre. Le tissu virevoltait si vite qu'il en devenait flou. Le voisin du dévot tendait le cou pour suivre du regard la trajectoire de l'oiseau libéré.

Depuis qu'il était arrivé de Patna, le dalaï-lama n'était pas sorti de la pièce qu'il occupait au dernier étage du monastère de Sétchen. Ses médecins et Paldjor-la, son serviteur de longue date, étaient les seuls à l'avoir vu. Dans les jardins, Tenzin Taklha errait comme une âme en peine, une serviette de documents à la main : présentations quotidiennes, communications du Cabinet tibétain et du Bureau privé, décisions nécessitant d'urgence l'attention de Sa Sainteté. Il n'était pas question que celle-ci assiste à une réunion, qu'elle accorde une audience ou qu'elle délivre un enseignement.

Pendant qu'elle gardait la chambre, deux cent mille pèlerins envahissaient la bourgade où le Bouddha était parvenu à l'Éveil. Ils avaient tous hâte de contempler le dalaï-lama et de voir commencer la grande initiation de Kalachakra.

Munis d'armes automatiques, quatre membres des troupes d'élite de l'armée indienne ont franchi au pas de course les portes qui ouvraient sur l'immense terrain où devait se dérouler l'initiation. L'Ambassador blanche qui transportait le dalaï-lama les suivait lentement. Elle s'est arrêtée et le dirigeant tibétain en est descendu. Je ne l'avais pas vu depuis dix jours. J'étais médusé. Au lieu du vigoureux gaillard à qui l'on pouvait donner cinquante-cinq ans, j'ai découvert un vieil homme qui faisait bien ses soinxante-sept ans.

Les épaules plus voûtées que d'habitude, il s'est avancé sur le tapis jaune – en réalité, un tapis rouge recouvert de coton jaune – qu'on avait déroulé à son intention. Une fois arrivé devant les moines et les officiels tibétains qui l'attendaient, des bâtonnets d'encens à la main, il s'est gratté la joue droite de l'index et s'est adressé au religieux le plus proche. J'ai deviné qu'il lui demandait s'il avait maigri. Il était évident qu'il avait perdu du poids : il avait les joues creuses et les yeux profondément enfoncés dans leurs orbites. Quand il est passé près de moi, son visage s'est crispé dans une ébauche de sourire. J'ai constaté qu'il n'avait pas l'énergie de lever la main pour saluer.

Après avoir traversé la petite chapelle de Kalachakra où l'on allait dessiner un mandala en sable, il est arrivé devant une grande scène. Quatre cents moines de haut rang, issus des quatre écoles du bouddhisme tibétain, l'attendaient patiemment. Deux jours plus tôt, on avait annoncé qu'il ferait une brève apparition – ce serait là sa première sortie publique depuis sa maladie. L'exaltation s'était emparée de Bodhgaya et ses environs. Au pied des tréteaux, un fort contingent de journalistes et de techniciens de télévision se bousculaient pour apercevoir le dirigeant tibétain souffrant.

Accompagné de cinq ou six lamas incarnés, le petit Yangsi Rinpotché était assis au premier rang. Le dalaï-lama s'est avancé vers lui pour lui tapoter la tête. Lorsque Sa Sainteté a commencé à monter les marches de bois en haut desquelles se dressait son trône, plusieurs paires de mains lui ont pris le bras pour l'empêcher de tomber. Un moine fortement charpenté s'est précipité en haut de l'escalier pour assurer son équilibre. D'une poigne ferme, il a attiré le dalaï-lama vers lui. Tant bien que mal, le dirigeant tibétain a pris place sur l'épais coussin. Les paumes jointes à hauteur de poitrine, il s'est incliné avec solennité devant la foule rassemblée face à lui. Des centaines de milliers de pèlerins venus de tout l'arc himalayen et du subcontinent indien, mais aussi deux mille Occidentaux originaires de cinquante pays, se pressaient devant lui.

Après s'être assis, il a fouillé dans sa robe et en a sorti une feuille de papier. La chose était inhabituelle, car il s'exprimait toujours sans notes. J'observais la foule. Du coin de l'œil, j'ai vu une sorte d'oiseau blanc à la silhouette longiligne planer au-dessus des moines. Sans quitter la position du lotus, l'un d'eux avait mis la main à sa besace pour en sortir l'écharpe de cérémonie appelée *khata*. Il l'avait roulée en boule avant de la jeter au loin. Poussée par un souffle d'air, elle évoluait avec grâce au-dessus de l'assistance. Un religieux à la longue barbiche l'a attrapée au vol et l'a relancée. En un rien de temps, comme si les fidèles s'étaient donné le mot, des centaines de bandes de soie souple voltigeaient dans les airs comme autant de cerfs-volants blancs. Un chatoiement nacré sur une mer rouge... Incapables d'approcher de la scène pour offrir les écharpes au dirigeant tibétain, les moines et les pèlerins avaient trouvé ce subterfuge.

Recroquevillé sur son trône, le dalaï-lama observait le spectacle. Il a pris une profonde inspiration, s'est éclairci la gorge et a avalé sa salive. Par deux fois, il a respiré avec difficulté. Je le sentais profondément touché par l'attention que la foule lui portait. Je me souviendrais toujours, j'en étais sûr, de ces quelques secondes. Le terrain était plein à craquer, mais aucune toux ne venait troubler le silence.

Il a commencé à s'exprimer en tibétain. Sa voix de baryton avait perdu un peu de sa beauté. La maladie l'avait privé d'une bonne partie de sa vitalité. Lhagdor, son interprète, était assis en position du lotus dans un coin de la scène, devant un petit émetteur. Quand le dalaï-lama s'est adressé à la foule, Lhagdor a traduit ses propos en anglais d'une voix douce. Les Occidentaux qui possédaient des radios FM pourraient capter l'allocution.

« Ces derniers jours, j'ai été très malade, a déclaré Lhagdor. Avant, quand j'étais en bonne santé, de nombreuses personnes m'avaient suggéré de prendre plus de repos et de moins travailler. Je n'avais guère prêté attention à leurs conseils. J'ai fait preuve d'insouciance et d'entêtement. » Le dalaï-lama a évoqué son pèlerinage au pic des Vautours, son ascension harassante jusqu'au sommet et la terrible douleur qu'il avait ressentie sur la route de Patna.

« Je crois être guéri, mais je suis encore très fatigué, a-t-il continué. Je ne pense pas pouvoir délivrer les enseignements préliminaires. » J'ai entendu des reniflements dans mes oreillettes et j'ai regardé Lhagdor. Il avait la tête baissée, mais je voyais son visage rougi. « Quant à l'initiation de Kalachakra, elle peut être abrégée. Mais sa préparation exige au moins cinq à six heures par jour, même en faisant vite. Je ne crois pas que mon état de santé actuel me le permette. » Autres reniflements. Lhagdor a cessé de parler et s'est raclé la gorge. « Si je me forçais à accomplir ces préparations, je serais têtu. Aussi, pour ma santé, pour pouvoir travailler à être source de bienfaits pour autrui sur le long terme, j'ai décidé de remettre le Kalachakra à l'année prochaine. » Sur scène, nombreux étaient les grands lamas et les abbés qui pleuraient ouvertement.

« Vous qui venez de loin, ne soyez pas tristes de ne pas avoir reçu l'initiation de Kalachakra, a traduit Lhagdor. Vous êtes arrivés dans cette ville sainte avec détermination et animés d'une juste motivation. Vous accumulerez les mérites à chaque pas que vous ferez, à chaque action que vous entreprendrez. La principale source de bénédictions, ce n'est pas moi, ce n'est pas le dalaï-lama, c'est la sainte image du Bouddha et la terre sacrée qu'ont visitée tant de grands maîtres spirituels. Aussi ne croyez pas être venus pour rien.

« Normalement, vous ne pouvez voir le mandala qu'après les initiations. Mais puisque je suis incapable de vous les conférer, il y a un petit problème. Vous vous êtes présentés dans cette ville sainte avec grande dévotion. Je crois donc qu'il vous sera utile de voir le mandala. »

Le dalaï-lama a marqué une pause pour rassembler ses pensées.

« À mesure que je vous parle, c'est assez drôle, mon corps semble aller mieux. Si ma santé ne se détériore pas, j'essaierai de délivrer certains enseignements pendant deux jours. Et le quinzième jour du mois tibétain, je reviendrai ici pour le dernier événement du Kalachakra – l'imprégnation de l'énergie de longévité. »

Jusqu'au soir, d'autres Tibétains sont arrivés à Bodhgaya. Cette nuit-là, le temple de la Mahabodhi paraissait en feu. Ses myriades de stupas votifs et de tours aux sculptures délicates étaient illuminées par un demi-million de bougies. Chacune d'elles exprimait un vœu de prompt rétablissement pour le dalaï-lama. Des dizaines de milliers de pèlerins effectuaient une circumambulation dans le sens des aiguilles d'une montre. Vue de loin, l'enceinte ronde ressemblait à une gigantesque station spatiale baignée d'une lueur surnaturelle.

Le lendemain, je suis retourné à la chapelle de Kalachakra. Les moines qui appartenaient au monastère du dalaï-lama psalmodiaient des prières. Quelques-uns de leurs frères dessinaient avec soin, grain à grain, un mandala de sable au motif complexe et aux couleurs vives. Réalisée sur une plateforme en bois de deux mètres carrés, cette figure était une représentation symbolique de certains aspects de la déité appelée Kalachakra et de son univers. À un moment donné, j'ai remarqué que les religieux s'agitaient, qu'ils murmuraient entre eux. Ils avaient commis une légère erreur : une minuscule forme s'inscrivait au mauvais endroit. Après s'être assuré que personne ne le regardait, un moine a aspiré les grains indésirables à l'aide d'un tube métallique. J'avais déjà assisté à la réalisation de plusieurs mandalas de sable, mais c'était la première fois que j'y voyais un défaut. En l'absence du dalaï-lama, on sentait la léthargie imprégner l'atmosphère.

Au-dessus d'une fenêtre était fixé un petit micro dont le fil ressortait au-dehors par une fissure. D'après un religieux, ce fil aboutissait à un émetteur FM sur lequel était branché un haut-parleur installé dans la chambre du dalaï-lama. Si celui-ci ne pouvait pas participer, au moins voulait-il être présent en esprit, malgré son affaiblissement. Il tenait à se mettre au diapason des prières des moines et à y ajouter la sienne – en silence et de loin. Cette énergie collective, cet hymne à la paix dans le monde, se libéreraient dès que le mandala subirait une destruction rituelle et que son sable finirait dans une source. Jusque-là, le dalaï-lama se forcerait à rester engagé et il suivrait les méticuleuses préparations depuis son lit. À l'imaginer ainsi, faisant tout pour que les psalmodies imprègnent sa conscience, j'ai été une fois de plus touché par son humanité.

15

Deux photographies non signées

La danseuse coréenne était en transe. Sur son visage aux yeux clos se figeait un sourire dément. Dans un mouvement frénétique, elle rejetait la tête en arrière, puis en avant. Son corps était agité de violents soubresauts qui suivaient le rythme syncopé des tambours frappés par ses camarades. Ils étaient six, vêtus de tuniques en soie rose et de larges pantalons blancs. Quelques-uns portaient des chapeaux ornés de pompons roses qui s'empilaient sur une hauteur extravagante. Ils faisaient partie du fort contingent de bouddhistes coréens venus à Bodhgaya pour assister aux initiations de Kalachakra. Après avoir suivi les enseignements d'un lama tibétain, le petit groupe avait décidé d'offrir un divertissement aux moines, trop préoccupés par l'état de santé du dalaï-lama.

Une vieille Tibétaine est apparue comme par magie. Tout à coup, elle s'est matérialisée au milieu des danseurs et a commencé à osciller langoureusement d'avant en arrière. Une fois dans le rythme, elle s'est tortillée et a effectué d'énergiques pirouettes tout en projetant ses bras autour d'elle avec abandon. Elle a sorti une longue écharpe bleue dont elle s'est entouré le crâne. Cette coiffure s'harmonisait parfaitement à sa robe flottante.

Les moines étaient aux anges. Cette frêle grand-mère tibétaine, aux cheveux blancs serrés en chignon, tenait la dragée haute aux jeunes Coréens, qui l'encourageaient de leurs cris. Un novice d'environ six ans a grimpé sur les épaules d'un religieux pour mieux voir le spectacle. Oubliant un instant de surveiller la foule, un policier indien à l'impressionnante carrure observait la danse. Un sourire serein aux lèvres, la vieille femme ne prêtait aucune attention à l'assistance.

Une Occidentale d'un certain âge, dont le visage affichait un sourire incrédule, s'est dirigée vers un des moines. Lorsqu'elle a capté son attention, elle lui a fait signe qu'elle goûtait le spectacle, puis elle a fait ondoyer ses bras et ses épaules pour imiter la vieille Tibétaine. Le religieux lui a souri d'un air bienveillant en lui tapotant l'épaule. Puis il a dressé son pouce en signe d'appréciation.

À la fin du divertissement, je suis rentré à l'hôtel et me suis assis dans le hall pour lire le *Times of India*. Le Karmapa, un homme de soixante-dix ans, était arrivé quelques jours plus tôt. De nombreuses personnes traînaient là dans l'espoir d'apercevoir le chef suprême de la secte Karma-Kagyu. Des années auparavant, alors qu'il était adolescent, il avait échappé à la surveillance des Chinois qui le confinaient dans son monastère tibétain et il avait franchi l'Himalaya à cheval, de nuit, pour rejoindre le dalaï-lama.

Alan King, un Canadien qui avait photographié sept rituels de Kalachakra au cours des dix années écoulées, s'est glissé près de moi. Il s'est penché pour me dire à voix basse : « Victor, je n'aime pas ça. Tenzin Taklha a fini par montrer mes deux photos au dalaï-lama ce matin. Il y a une demi-heure, il me les a rendues non signées. » Il préparait une exposition sur le rituel à Graz, en Autriche, et il avait besoin de clichés du dalaï-lama. Taklha avait promené les deux photographies dans sa serviette des jours durant.

« Tenzin n'a pas pu voir le dalaï-lama ? ai-je demandé.

— Si. Il l'a vu et il lui a montré les photos. Mais Sa Sainteté était trop faible pour les signer. »

Depuis deux ou trois jours, j'étais inquiet pour le dalaï-lama. Quand il était apparu sur le site du Kalachakra, il avait annoncé qu'il délivrerait deux jours d'enseignements s'il avait récupéré un peu de force d'ici là. Or il ne s'était rien passé. Plusieurs grands lamas avaient dû le remplacer. Le dernier jour, celui où la foule allait prier pour la longévité du dalaï-lama, était proche. Sa Sainteté avait promis d'être présente, mais aucune confirmation officielle n'avait été donnée.

Je connaissais le dalaï-lama depuis trente ans. Ces dernières années, nous avions pris l'avion ensemble, rompu le pain ensemble, passé du temps ensemble dans sa résidence aux petites heures du jour. Quand nous travaillions à notre livre, il m'expliquait sa pensée en matière de pardon, de compassion et de vacuité. Peu à peu, il avait pris de l'importance à mes yeux. Désormais, je le considérais comme une image paternelle.

Mieux encore, je sentais, au plus profond de moi-même, que je comptais pour lui. Un jour, il m'avait fait porter un siège pour que je m'y asseye pendant un enseignement, car il avait compris que mes jambes n'étaient pas faites pour rester en position du lotus, à même le sol. Je savais qu'il avait demandé à Tenzin Taklha de veiller sur moi et de m'emmener dîner à l'occasion pour que je n'aie pas l'impression d'être négligé. Ces attentions me touchaient beaucoup. Le fait qu'il entretienne des relations fortes avec tant de personnes, et ce souvent dès la première rencontre, ne me gênait guère. Je ne leur enviais pas leur chance. De temps en temps, il m'accordait sa chaleur. Il ne m'en fallait pas plus.

J'avais été bouleversé de le voir si affaibli. En dix jours, il avait pris dix ans. Et Alan King m'apprenait qu'il était trop faible pour tenir un stylo...

Je suis sorti du Mahayana Hotel et j'ai parcouru à pied la courte distance qui me séparait du temple de la Mahabodhi. J'ai commencé ma circumambulation rituelle, dans le sens des aiguilles d'une montre, au milieu d'une foule de pèlerins qui jouaient des coudes et me bousculaient. Je me suis arrêté sur le flanc sud du complexe. Des milliers de chandelles et de lampes à beurre brûlaient sur des autels de pierre, mais aussi sur la moindre surface disponible. J'ai acheté un petit paquet de bougies à un marchand. J'en ai allumé une à l'aide d'une mèche, j'ai laissé couler quelques gouttes de cire sur un rebord de pierre et je l'y ai fixée. Ce faisant, j'ai prié en silence pour le dalaï-lama. Puis j'ai allumé les autres.

Après avoir achevé le circuit du pèlerin, je suis rentré à l'hôtel. Juste avant d'y arriver, j'ai croisé Tenzin Taklha. Il avait l'air pressé. Content de le voir, je lui ai demandé des nouvelles du dalaï-lama.

Il a ralenti le pas sans pour autant s'arrêter. « Je ne peux rien dire pour le moment, m'a-t-il lancé d'une voix tendue. Je viens d'avoir le Premier ministre au téléphone. Nous évacuons le dalaï-lama demain à la première heure. »

Assommé, je suis entré dans le hall, où le Karmapa se faisait toujours attendre. Quelques Occidentaux étaient assis sur des canapés. Un grand Américain leur montrait de superbes clichés en noir et blanc de l'est du Tibet. Une plaisanterie a fusé et tout le monde a ri.

Werner Herzog, le légendaire réalisateur allemand, est passé en compagnie de son équipe et de sa jeune épouse. Il était venu tourner un documentaire sur le Kalachakra.

Une fois dans ma chambre, j'ai tiré les rideaux et je me suis couché. J'entendais au-dehors le brouhaha des pèlerins – ceux qui se rendaient au temple et ceux qui en sortaient pour regagner leur logis. J'attendais Sengué Rabten, le chef des gardes du corps. Tous les jours, à cette heure-là, il venait se doucher chez moi, car il n'y avait pas d'eau chaude au monastère de Sétchen. Ce jour-là, il ne s'est pas présenté.

L'aube se levait sur Bodhgaya. J'avais pris soin d'arriver à Sétchen bien avant le départ du dalaï-lama. La nouvelle selon laquelle il devait être évacué vers un hôpital privé de Bombay s'était répandue et la rue qui menait au monastère était bouclée. L'inquiétude régnait. Personne ne savait à quel point il était malade. Les vraies informations étaient rares et les rumeurs nombreuses. Le fait qu'il soit hospitalisé pour la première fois depuis plus de trente ans plongeait la communauté tibétaine dans la consternation.

Des dizaines de policiers et de soldats tentaient de contenir les badauds. À mon entrée, j'ai eu la surprise de voir la reine du Bhoutan, toute simple dans la robe rayée des femmes de son pays, seule dans la foule. Deux ou trois policiers, qui ne la connaissaient visiblement pas, l'ont repoussée.

La cour qui précède le temple était elle aussi bondée. Le premier magistrat de Gaya discutait avec ses officiers de police supérieurs. Laissés à eux-mêmes, les membres des troupes d'élite, superbes dans leur tenue noire, formaient un petit groupe intimidant. Quelques soldats moins prestigieux, portant un uniforme kaki et un béret bleu, s'étaient rassemblés çà et là. Dans sa robe bordeaux, Lhagdor avait l'air tout à fait déplacé.

Après avoir brandi mon laissez-passer, je suis entré dans le vestibule du monastère. Une dizaine de lamas parmi les plus éminents du bouddhisme tibétain avaient pris place sur des canapés. Vêtus d'une robe orange, trois moines sri-lankais, les administrateurs du temple de la Mahabodhi, se trouvaient parmi eux. Trulshig Rinpotché, le dernier tuteur vivant du dalaï-lama, a descendu l'escalier. Ce moine frêle et doux venait certainement de faire ses adieux à son ancien élève.

Je me suis mis à l'écart et j'ai attendu.

Le dalaï-lama n'a pas tardé à descendre les marches à pas lents. Paldjor-la, son fidèle serviteur, le tenait sous le bras gauche et Sengué Rabten lui avait agrippé le coude droit. Le dirigeant tibétain semblait hagard, mais pas plus que lors de sa dernière apparition. Il avait encore perdu du poids.

Parvenu au pied de l'escalier, il s'est avancé vers les lamas qui l'attendaient. Comme à son habitude, il a plaisanté avec eux. À l'un, il caressait le crâne, à l'autre il frappait doucement la poitrine. Même affaibli, il tenait à les mettre à l'aise et à adoucir leur peine. Il savait que son état les traumatisait.

Alors qu'il se dirigeait à grand-peine vers la porte, il m'a aperçu. J'étais à moitié caché derrière les gardes de la sécurité. Il s'est arrêté une seconde pour me regarder droit dans les yeux. Il ne souriait pas. Je me suis senti rougir. Les muscles de ma mâchoire se sont contractés. Il est venu à moi et m'a pris dans ses bras avec douceur. Mes larmes coulaient sur sa robe. Il a fini par relâcher son étreinte et, une fois de plus, il a fixé son regard sur le mien. Puis il est sorti dans la cour.

16

Les bouddhas égoïstes

Raide comme la justice, Lhagdor était assis au bord du canapé. Le moine interprète semblait d'un calme inhabituel. Il était 4 h 30, sans doute trop tôt pour lui. Dreulma, la chienne berger allemand du dalaï-lama, était roulée en boule à ses côtés. Elle avait oublié notre intrusion sur son territoire. Son plat et son bol en acier inoxydable étaient posés par terre, non loin de là.

C'était la fin mars 2002. Deux mois et demi s'étaient écoulés depuis que le dalaï-lama était tombé malade à Bodhgaya. Nous nous tenions, Lhagdor et moi, dans le salon situé au rez-de-chaussée des appartements de Sa Sainteté, à Dharamsala. Nous avions rendez-vous avec le dirigeant tibétain. Pour la première fois depuis l'apparition de ses problèmes de santé, il se sentait assez fort pour accueillir des visiteurs. Et pour la deuxième fois en trois ans, on m'avait accordé le rare privilège de l'accompagner dans sa promenade matinale. Je pourrais vérifier par moi-même s'il s'était vraiment remis.

Le mobilier en rotin et les tapis étaient démodés et un peu usagés. Visiblement exécuté bien des années plus tôt, un portrait à l'huile du dalaï-lama était accroché à un mur. Une peinture qui représentait un nœud flottant dans un ciel bleu était appuyée contre les pieds de la table. De toute évidence, la pièce ne servait guère. Le dirigeant tibétain n'avait aucune raison d'y descendre. Tout ce dont il avait besoin – sa salle de méditation, son bureau, sa salle à manger – se trouvait à l'étage. Presque toujours, il préférait recevoir dans la salle d'audiences aménagée plus bas sur la colline.

J'étais frappé par l'atmosphère de bunker qui se dégageait de cette pièce. Il était clair que la construction avait été conçue pour résister aux séismes. Soutenu par de grosses poutres en béton, le plafond bas renforçait mon sentiment de claustrophobie.

À 4 h 40 précises, un garde du corps tibétain est venu nous annoncer que le dalaï-lama descendait l'escalier. Nous nous sommes précipités dehors. L'air nocturne, d'une agréable fraîcheur, était lourd du parfum des fleurs exotiques. Dans la cour, pratiquement tout l'espace disponible était occupé par des plantes en pot : devant, des masses de corolles pourpres et bleu sombre ; derrière, pour les mettre en valeur, de grandes fleurs rouges. La résidence scintillait comme un bateau en haute mer. Le paysage environnant en était tout illuminé. Cinq ou six vigiles étaient postés à l'entrée. À Dharamsala, tout le monde dormait, mais l'activité régnait déjà dans cette enclave protégée.

Le dalaï-lama descendait avec lenteur l'escalier extérieur lourdement renforcé. Il portait sa robe de moine, mais avait ôté son étole. Ses épaules et ses bras étaient nus. Il a adressé un signe de tête à Lhagdor, s'est penché pour me scruter, s'est redressé et est parti d'un *ni hao* tonitruant et chaleureux. Après m'avoir lancé la formule de bienvenue chinoise dont il me gratifie toujours, il s'est éloigné d'un bon pas. Je ne l'avais pas vu depuis plus de deux mois. À l'époque, il était sorti en chancelant du monastère de Sétchen, à Bodhgaya, pour se rendre au petit aéroport de Gaya. Un hélicoptère l'y attendait pour le transporter dans l'un des meilleurs hôpitaux du pays. Mais en ce matin de printemps, il semblait alerte, voire sémillant. De toute évidence, il était guéri. Comme tombés du ciel, deux officiers indiens dont l'uniforme kaki se devinait sous un coupe-vent lui ont emboîté le pas. Les gardes du corps tibétains, Lhagdor et moi fermions la marche.

Nous n'avons pas tardé à sortir du halo de lumière qui entourait la résidence. Nous avons d'abord pris une large allée bétonnée qui nous a conduits à une serre longue et étroite. Après quoi nous avons pénétré dans une zone sombre et densément boisée. Protégée du froid par un manteau court, une sentinelle indienne montait la garde près d'un abri de béton. L'homme tenait crânement son fusil dans les bras. Le dalaï-lama s'est dirigé vers lui et l'a salué en chatouillant son arme d'un air mutin. Le soldat ne semblait pas étonné. Les yeux fixés droit devant lui, il a répondu d'une voix mécanique : « Bonjour, Monsieur ! »

Nous avons contourné la base d'une petite colline ornée d'un stupa et de drapeaux à prières. À mesure que nous approchions de la salle d'audiences, le sentier se rétrécissait. Il faisait nuit noire. Un garde du corps parti devant a allumé sa puissante lampe torche pour éclairer le chemin et la véranda noyée sous les bougainvillées. Le dalaï-lama a emprunté une allée circulaire pour se rendre à sa chapelle privée, construite un peu plus haut. De l'autre côté de l'édifice, un sentier abrupt descendait parmi des bois épais jusqu'à la résidence. Dans cette dernière partie du trajet, le dirigeant tibétain a ralenti sa marche. Sur la pente dangereuse, plongée dans la pénombre, il faisait attention à chacun de ses pas. Nous étions revenus à notre point de départ. J'ai eu l'agréable surprise de le voir amorcer un deuxième tour. La première fois que je l'avais accompagné dans cette promenade matinale, il était allé au-delà de la serre, puis il était revenu – il avait parcouru un peu plus de la largeur d'un terrain de football. Depuis lors, je l'avais souvent taquiné à propos de son manque d'exercice et j'avais constaté avec plaisir qu'il tenait compte de mon avis. Ce matin-là, il a effectué trois tours complets. Enfin, après nous avoir dit au revoir, il a remonté l'escalier pour prendre sa douche et son petit déjeuner. La balade avait duré près d'une demi-heure. Malgré la fraîcheur de l'air d'altitude, j'étais en sueur.

Le manque de luminosité ne m'avait pas empêché de remarquer son amaigrissement. Il n'y avait pas de quoi être surpris, puisqu'il avait dû garder le lit pendant la quasi-totalité de janvier et tout février. Quelques heures plus tard, je devais commencer une nouvelle série d'entretiens avec lui. J'avais hâte de l'interroger sur sa maladie.

À mon entrée dans la salle d'audiences, cet après-midi-là, j'ai eu la bonne surprise de découvrir Ngari Rinpotché en compagnie de Lhagdor. Le plus jeune frère du dirigeant tibétain n'avait pas assisté à beaucoup de mes interviews, mais lorsque c'était le cas – d'ordinaire à la demande de Sa Sainteté –, son sens de l'humour m'avait aidé à évacuer ma nervosité. Ponctuel, comme à l'accoutumée, le dalaï-lama s'est présenté peu après. Il s'est assis dans son fauteuil et m'a lancé un regard interrogateur.

« Comment vous sentez-vous maintenant ? ai-je commencé.

— Bien. Les seuls problèmes, ce sont les gaz, a-t-il répondu.

— Distension de l'abdomen. Beaucoup de gaz, a expliqué Ngari Rinpotché.

— Cette augmentation des gaz est parfois un peu douloureuse. Mais je marche et ça passe », a poursuivi le dalaï-lama. J'ai remarqué qu'il était assis au bord du siège, et non appuyé au fond, comme d'habitude. En outre, son anglais était plus hésitant que d'ordinaire.

Je voulais savoir ce qui s'était produit après notre pèlerinage à Nalanda et au pic des Vautours. Il m'a dit avoir eu très mal à l'estomac bien avant d'arriver à Patna. Il se tordait de douleur. Il a alors essayé de prendre une autre position et s'est appuyé à la portière droite, puis à la portière gauche. Il a fini par choisir le côté gauche et s'est penché en avant, la tête dans les mains. À chaque cahot, son corps était traversé d'une douleur insupportable. Les yeux clos, il transpirait abondamment, alors que l'air conditionné était poussé à son maximum.

Avant de m'entretenir avec lui, j'avais parlé à l'officier de liaison indien chargé de coordonner les mesures de sécurité. Je tenais à entendre sa version du trajet en voiture de Nalanda à Patna. Il avait accompagné le dalaï-lama dans de nombreux déplacements en Inde, mais il ne l'avait jamais vu souffrir autant. Une légère diarrhée, un rhume, oui. Mais ça, jamais... Sa Sainteté était roulée en boule, comme un chien malade, et Patna était encore à une heure de route. L'officier avait contacté par radio le chef de l'escorte policière pour lui signaler le problème. Le cortège automobile avait accéléré en faisant hurler ses sirènes et en allumant ses gyrophares. Les voitures et les camions avaient dû se ranger sur le côté pour le laisser passer. Grâce à la vitesse, le dalaï-lama sentait moins les nids-de-poule. Il avait l'impression d'aller mieux.

Aux environs de Patna, le convoi avait dû ralentir à

cause des embouteillages du début de soirée. Le vacarme était épouvantable. Sa Sainteté avait le sentiment que chaque automobiliste avait la main sur le klaxon. Malgré l'escorte policière, il n'y avait pas moyen d'aller plus vite. Son véhicule était coincé entre plusieurs cars qui vomissaient des vapeurs de diesel et des rickshaws à moteur pétaradants. Les nombreux démarrages suivis d'arrêts commençaient à lui donner la nausée. Après s'être redressé, il s'est aperçu que l'envie de vomir lui passait lorsqu'il regardait par la fenêtre.

C'est alors qu'il avait vu un vieillard et un jeune garçon sur le bas-côté.

« J'avais mal, très mal ! » m'a-t-il expliqué dans la salle d'audiences. Ngari Rinpotché était suspendu à ses lèvres, car il n'avait jamais entendu ces précisions. « Tout ce liquide... l'eau... la sueur. Cette fois-ci, j'ai remarqué : l'eau des yeux est liée à l'émotion. L'eau du corps est liée à la douleur. Quand arrive une grave douleur physique, l'eau ne coule pas des yeux, mais du corps. Quelle est la différence, quel est le rapport, je n'en sais rien. J'ai vu un vieil homme aux cheveux longs et sales. » Il a promené sa main droite sur le sommet de son crâne. En écartant le pouce et l'auriculaire au maximum, il m'a donné une idée de la longueur de cette chevelure. « Et sa barbe ! Complètement hirsute. Il portait des vêtements imprégnés de saleté et de poussière. » Il a grimacé à ce souvenir troublant.

« Et tellement d'enfants pauvres, sans instruction, qui vivent au bord de la route ! J'en ai vu un grand comme ça. » Il a tendu le bras pour indiquer une taille de un mètre environ. Puis il s'est baissé pour se prendre les tibias à deux mains. « Il avait la polio. Ses deux jambes étaient attachées. Il se servait de béquilles. Pendant que j'éprouvais cette douleur physique, je ne voyais que ces pauvres gens. Personne ne se souciait d'eux, et moi j'étais bien soigné. »

Il a fermé les yeux et s'est tu. Au bout de quelques instants, il a repris : « Malgré la douleur, je n'étais pas inquiet, j'étais paisible. Je sentais juste une petite gêne. Pourquoi ce sentiment de paix ? J'éprouvais une douleur physique, mais en esprit, je plaignais sans cesse ces gens qui n'ont aucun soin. Je ne m'inquiétais donc pas beaucoup de moi. Se préoccuper d'autrui semble faire reculer la douleur. Ressentir de la compassion est source de bienfaits pour soi-même, pas nécessairement pour autrui. J'ai réfléchi à la terrible condition du vieillard et du garçon atteint de polio. Ma préoccupation à leur égard a fait diminuer la perception de ma douleur physique. C'était très bien.

— Est-ce à ça que vous pensez, lui ai-je demandé, quand vous dites dans vos enseignements que les bouddhas et les bodhisattvas du monde entier sont les êtres les plus égoïstes qui soient, qu'en cultivant l'altruisme, ils parviennent au bonheur ultime pour eux-mêmes ?

— Oui. C'est un égoïsme sage, a-t-il répliqué. L'aide apportée à autrui ne l'est pas à nos dépens. Les bouddhas et les bodhisattvas sont très sages. Toute leur vie, ils ne veulent que parvenir au bonheur ultime. Comment ? En cultivant la compassion et l'altruisme. Quand ils se soucient d'autrui, ils sont les premiers à en retirer des bienfaits, un bonheur maximal. Ils savent que la meilleure façon de mener une vie heureuse, c'est d'aider autrui. Voilà la vraie sagesse. Ils ne se disent pas : “Oh, je suis très important et les autres ne le sont pas tant que ça.” Ils jugent le bien-être d'autrui capital. Et en réalité, leur action leur vaut un maximum de bienfaits. »

Une pensée lui a traversé l'esprit. Il s'est tourné vers Ngari Rinpotché pour lui dire en anglais : « Je crois qu'un cuisinier... » Et il a fini sa phrase en tibétain. Son plus jeune frère a traduit : « Un cuisinier qui fait la cuisine pour les autres, même s'il n'a pas l'intention de faire la cuisine pour lui-même, est toujours bien nourri.

— Beaucoup de cuisiniers sont très gros, j'ai remarqué », a ajouté le dalaï-lama. Son frère et lui ont bien ri de ce commentaire.

« Votre douleur a donc disparu quand vous avez vu ces pauvres gens à Patna ? » Je tenais à en avoir le cœur net.

« Non, je ne crois pas, a répondu le dalaï-lama. Mais les images mentales de ce que j'ai vu, cette pauvreté, ce dénuement, étaient très forts. Même quand j'étais couché sur mon lit d'hôtel, à Patna, j'avais mal. Mais je ne voyais que ces deux-là. Affamés. Assoiffés. Je me disais sans cesse : "Quel dommage ! Que pouvons-nous faire ?" Et l'intensité de ma douleur décroissait. C'était un peu comme si une forte préoccupation me submergeait. »

17

Le froid des myrtilles

Une question m'obsédait depuis que j'avais quitté Bodhgaya : comment les maux d'estomac du dalaï-lama avaient-ils pu prendre cette ampleur et entraîner son évacuation précipitée vers un hôpital spécialisé de Bombay ? Je tenais à étudier les causes de cette maladie avec Sa Sainteté.

« Quand vous faisiez l'ascension du pic des Vautours, vous sentiez-vous mal ? » lui ai-je demandé dans la salle d'audiences. Ngari Rinpotché a approché sa chaise à dossier droit de son frère. Il ne nous avait pas accompagnés au pic des Vautours et il voulait savoir ce qui s'était passé avant que le dalaï-lama ne commence à souffrir.

« Non, a répondu celui-ci. Je ne me sentais pas mal ce matin-là. Rien. Très frais. Mais à l'intérieur, il y avait déjà des causes et des conditions.

— Aviez-vous mangé quelque chose de mauvais à l'hôtel japonais de Rajgir ?

— Je ne pense pas.

— Mais vous aviez la diarrhée après avoir déjeuné à l'hôtel ?

— La dysenterie.

— Le docteur Tséten m'a appris que vous aviez

des amibes dans l'estomac. Elles doivent provenir d'aliments ou d'une eau impropres à la consommation.

— Depuis quand étaient-elles là, je n'en sais rien. Pas forcément depuis ce jour-là... Il y a beaucoup de causes. L'une d'elles, la première, c'est l'insouciance.

— L'insouciance ?

— Oui, car en règle générale mon corps tient bon. J'ai pensé... » Après avoir lancé un coup d'œil à Lhagdor, il a poursuivi en tibétain.

« Sa Sainteté se juge en excellente santé. Elle ne se ménage pas, elle en fait trop, elle voyage trop, a traduit l'interprète.

— Je fais moins attention », a expliqué le dalaï-lama.

Tous ceux qui travaillent de près avec lui auraient confirmé ses dires. Son emploi du temps est surchargé, notamment lors de ses déplacements. Je l'ai suffisamment accompagné pour le savoir. J'ai dix ans de moins que lui, mais j'ai honte de moi quand je mesure son énergie et sa vitalité. Le suivre n'est pas une promenade de santé.

« Le matin où j'ai fait l'ascension du pic des Vautours, j'ai beaucoup transpiré, a-t-il repris. Là-haut, j'ai eu un peu froid. En redescendant, j'ai encore transpiré. Au déjeuner, j'ai ôté des vêtements. Après le déjeuner, j'ai pris un citron pressé. D'habitude, ça ne me fait rien. Mais ce jour-là, j'étais déjà dérangé et c'est devenu un facteur parmi d'autres.

« Il y a une cause plus substantielle. Avant d'effectuer ce pèlerinage à Nalanda et au pic des Vautours, je suis allé délivrer des enseignements en Inde du Sud. Sur place, j'ai commencé à prendre des remèdes tibétains pour le foie et les yeux. Ce sont des substances froides – elles refroidissent le corps. Il y a une trentaine d'années, j'avais pris ces mêmes remèdes pour le foie. Aussitôt après, j'avais eu une petite douleur à l'estomac. J'avais arrêté et j'avais pris des substances qui réchauffent. La douleur avait totalement disparu. Cette fois, c'était exactement au même endroit. Trop de froid. »

Trop de froid... C'est ce que ma mère me disait quand j'étais malade. Je ne me souciais guère des symptômes, car le diagnostic était toujours le même : « vapeurs froides ». Elle me traînait en tram à travers tout Hong Kong jusqu'à West Point. Puis nous empruntions une allée étroite et pentue, aux pavés inégaux, pour nous rendre à l'herboristerie. La boutique était mal éclairée. La majeure partie de ses murs étaient couverts de petits tiroirs superposés, en bois de rose, qui contenaient des remèdes. L'herboriste me prenait le pouls, examinait ma langue et rédigeait une ordonnance au pinceau. Enfin, il sortait les herbes des tiroirs pour les peser. De retour à la maison, ma mère les faisait bouillir, puis réduire, deux ou trois heures durant, jusqu'à ce que le bouillon devienne noir comme de l'encre. Malgré son amertume, ce breuvage n'était pas désagréable. Je devais l'avaler brûlant et d'un seul trait. D'ordinaire, mon état s'améliorait très vite – en dépit du remède, me plaisais-je à croire.

« Comme la médecine chinoise ou la médecine ayurvédique indienne, la médecine tibétaine distingue le chaud du froid, m'a expliqué le dalaï-lama. La majorité des maux qui touchent la partie inférieure du corps sont dues à un excès de froid. Les problèmes de foie, les maux de tête viennent d'un excès de chaud. Pendant trois semaines, en Inde du Sud, j'ai pris tous les matins ce remède, qui a renforcé le froid de mon corps. De temps en temps, je sentais déjà une petite douleur. Puis, pendant le pèlerinage, les causes immédiates sont apparues et quelque chose a lâché.

« Il y a un autre facteur. En mai dernier, quand je me trouvais en Amérique, mon système digestif était excellent. Au petit déjeuner, je prenais beaucoup de lait froid. À Salt Lake City, une dame m'a dit que les myrtilles étaient bonnes pour les yeux. Elle m'a raconté que les pilotes de l'American Air Force en mangeaient beaucoup sous forme de confiture. Alors j'y ai goûté. C'était délicieux. De jour en jour, j'en mangeais plus. Dans une certaine mesure, ça a affecté mon système digestif – trop de froid. »

Il a adressé quelques mots à Lhagdor. « Apparemment, c'est ainsi que tout a commencé, a traduit celuici. À cause du froid des myrtilles. »

C'était donc le froid des myrtilles qui avait provoqué la crise. Ce n'était pas tout à fait la réponse que j'escomptais. Je me suis consolé en me rappelant que le dalaï-lama n'est pas une personne comme vous et moi. Il voit le monde différemment. Je voulais obtenir quelques détails sur la question.

« Que vous est-il arrivé à Bodhgaya, quand vous êtes arrivé de Patna ?

— À Sétchen, pendant quatre ou cinq jours, ça ne s'est pas amélioré. Alors je me suis dit : “Si je commence le Kalachakra et si j'arrête en cours de route, ce sera pire.” Mieux valait annuler et remettre à plus tard. J'ai pris ma décision. Au début, j'espérais encore délivrer trois jours d'enseignements, mais je n'ai pas pu. Un matin, le docteur Tséten a remarqué que ce côté-ci de mon corps était dilaté. » Il a tapoté son flanc gauche.

« Il a conseillé à Sa Sainteté de se faire hospitaliser le jour même, a précisé Lhagdor.

— C'est pourquoi vous avez annulé les prières de longévité prévues le dernier jour du Kalachakra ? ai-je demandé.

— Oui, a acquiescé le dalaï-lama. Ce jour-là, il était impossible d'organiser le transport. Nous avons donc essayé de voir s'il était possible de partir pour Bombay le lendemain. Nous avons pris contact avec Delhi. Les autorités locales acceptaient de fournir un hélicoptère. Les autorités nationales proposaient un avion spécial de Patna à Bombay. De l'aéroport de Bombay, je serais conduit directement à l'hôpital.

— Quand Sa Sainteté est entrée à l'hôpital, est intervenu Ngari Rinpotché, les premières choses qu'elle a vues, c'étaient le flacon de liquide intraveineux et la grosse aiguille qui l'attendaient. Elle était mal à l'aise, un peu effrayée. » Certes, le plus jeune frère du dalaï-lama était surtout présent pour aider Lhagdor à traduire, mais je pouvais compter sur lui pour recevoir un complément d'informations intéressantes.

« Je n'avais pas le choix, il fallait que j'accepte la piqûre, a ajouté le dalaï-lama en grimaçant à ce souvenir.

— Quels examens vous a-t-on fait subir à l'hôpital ? ai-je demandé.

— Ils ont tout examiné. L'estomac et l'intestin, bien sûr, mais aussi le cœur, le foie, le sang. Tout allait bien. Pas de cancer.

— Mais d'où venait cette dilatation ?

— Ils n'ont pas su le dire. Un spécialiste m'a expliqué... » Une fois de plus, il s'est exprimé en tibétain.

« Après avoir examiné Sa Sainteté, a traduit Ngari Rinpotché, le spécialiste a dit que tout allait bien, qu'il n'y avait aucun signe de cancer. Et il a ajouté que c'était une maladie grave, que Sa Sainteté aurait pu en mourir. L'intestin était légèrement perforé. Si le trou avait été plus gros, il aurait pu tuer Sa Sainteté. »

J'ai regardé le dalaï-lama, dont le visage affichait

une esquisse de sourire. J'avais l'impression que l'idée d'avoir frôlé la mort l'amusait.

Deux moines sont entrés dans la salle d'audiences. Le premier a soigneusement placé une tasse d'eau chaude, fermée par un couvercle, près du dirigeant tibétain. Le second a posé un plateau, sur lequel se trouvaient un pot de café soluble, des sachets de thé et une Thermos d'eau chaude, sur la table basse près de laquelle j'étais assis. Ils sont partis aussi silencieusement qu'ils étaient venus. Après s'être levé de son siège, Ngari Rinpotché s'est avancé pour me murmurer à l'oreille : « Voudriez-vous un café ou un thé ? »

Je ne quittais pas le dalaï-lama des yeux. « Un café, s'il vous plaît. » J'ai senti que le Rinpotché versait une grosse cuillerée de granulés dans une tasse et qu'il l'emplissait d'eau chaude. Il s'est penché vers moi et m'a de nouveau chuchoté : « Du lait ? Du sucre ?

— Euh, oui, merci », ai-je répondu machinalement. Alors que je tournais les feuillets où j'avais tapé mes questions, j'ai été pris de panique : j'avais perdu ma dernière question. Je ne savais plus que demander au dalaï-lama. Le café était toujours extrêmement bienvenu car, à mi-parcours d'un entretien de deux heures au moins, mon énergie avait tendance à baisser. En revanche, cette interruption pouvait parfois me déconcentrer.

C'est alors que je me suis souvenu d'un point évoqué par le docteur Tséten lors d'une de nos conversations.

« Le docteur Tséten m'a affirmé que, d'après les médecins indiens de Bombay, vous aviez le cœur d'un jeune homme de vingt ans.

— Oui. Après m'avoir fait passer un électrocardiogramme, ils m'en ont informé. En fait, le médecin de Patna qui m'a examiné m'a dit exactement pareil.

— À quoi attribuez-vous cela ? ai-je demandé en avalant avidement mon café instantané.

— À la paix de l'esprit, je crois, a-t-il répondu sans hésiter.

— Votre cœur est celui d'un jeune homme de vingt ans parce que vous avez l'esprit en paix ?

— Oui. » Il est devenu grave. « Sinon, je n'ai rien d'extraordinaire. Je ne fais pas d'exercices particuliers. »

Pour le dalaï-lama, il ne fait aucun doute que l'esprit peut guérir le corps, que tous deux sont liés dans un même continuum. Quand l'un est affecté, l'autre l'est aussi – l'interdépendance de tout est son mantra depuis un demi-siècle. Aujourd'hui, les médecins et les chercheurs les plus traditionnels en arrivent à cette conclusion : un désordre du rein peut avoir de graves répercussions sur le cerveau. Actuellement, on considère la dépression comme un risque majeur dans l'apparition des maladies cardiaques – au même titre qu'un taux élevé de cholestérol. Après tout, le corps et l'esprit occupent le même terrain : le sang, les nerfs, les hormones, les anticorps.

Voici comment le dalaï-lama a exprimé cette idée :

« L'entraînement de l'esprit consiste à renforcer les émotions positives que sont le pardon, la compassion et le don de soi pour le bien-être d'autrui. Les émotions négatives, comme la haine et la jalousie, sont ce que nous appelons des ennemis. Grâce à l'entraînement, nous pouvons les atténuer. D'après certains savants, l'entraînement de l'esprit est très important pour notre santé.

« Prenez le pardon. Il y a deux niveaux. Au premier, pardonner, c'est ne pas éprouver un sentiment de vengeance. Parce que la vengeance fait du mal à autrui, c'est une forme de violence. La violence appelle une contre-violence, qui engendre encore plus de violence. Le problème n'en finit pas. Au deuxième niveau, pardonner, c'est s'efforcer de ne pas éprouver de colère envers un ennemi. La colère ne règle rien. Elle vous met mal à l'aise. Elle détruit la paix de votre esprit. La bonne humeur ne peut venir tant que la colère demeure. C'est la raison principale, me semble-t-il, pour laquelle nous devons pardonner. Quand l'esprit est calme, paisible, le corps est en meilleure santé. Un esprit agité nuit à la santé, il est très nocif pour le corps. C'est mon sentiment. »

Je lui ai demandé s'il pensait que sa maladie avait produit un impact positif. Dans le monde entier, les Tibétains s'étaient terriblement inquiétés pour lui. Pendant qu'il était alité à Sétchen, cent mille pèlerins étaient restés dehors toute une nuit, par un froid hivernal, afin de prier pour lui.

Il a choisi de me répondre en tibétain et de laisser Lhagdor traduire : « Sa Sainteté dit que cet incident a été une force d'activation qui lui a permis d'accomplir de bonnes actions et de mener des activités spirituelles. »

Je n'avais pas bien saisi.

« Si tout va bien, m'a expliqué le dalaï-lama, nos prières, même nombreuses, ne sont pas très sérieuses. Mais parce que j'étais malade, toutes les prières ont été sérieuses. Nous avons tous prié sérieusement. Grâce à cela, des résultats positifs se sont produits.

— La maladie a été un agent catalyseur qui a accentué notre spiritualité », a résumé Ngari Rinpotché.

Pour le dalaï-lama, la souffrance et l'adversité sont les conditions de la patience et de la tolérance. Ces deux qualités sont vitales si nous voulons atténuer nos émotions négatives, comme la haine et la colère.

Quand tout va bien, la patience et la magnanimité nous sont moins nécessaires. En revanche, quand nous rencontrons des difficultés, quand nous souffrons, nous pouvons véritablement apprendre ces vertus. Et quand nous les avons intégrées, la compassion s'écoule naturellement.

« Vous étiez triste quand je suis parti ? m'a soudain demandé le dalaï-lama.

— Oui, ai-je répondu.

— Vous pensiez qu'il ne s'en sortirait pas ? a insisté Ngari Rinpotché.

— Non. J'avais confiance. Je savais qu'il irait mieux, ai-je précisé. J'étais triste de le voir si faible, si vulnérable. Je ne l'avais jamais vu aussi frêle. J'en ai été choqué, comme beaucoup de gens. Il y a autre chose : il m'a serré dans ses bras avant de quitter le monastère de Sétchen. Cela m'a beaucoup touché. Même souffrant, tenant à peine debout, il voulait me réconforter, me remonter le moral. Malade, il s'arrangeait encore pour veiller sur moi. Comme toujours, il a fait passer le bien-être d'autrui avant le sien. »

18

Méditation sur fond de BBC

Je me trouvais en compagnie du dalaï-lama sur son toit en terrasse. De là, je découvrais une vue panoramique des contreforts himalayens. Je distinguais les trois chaînes, noyées dans la brume, qui descendent en pente douce de la passe d'Indrahar (4 350 mètres d'altitude) à la verte vallée de Kangra. Plus loin, couronnés de neige, s'élevaient les hauts sommets du Dhauladhar. Le flanc de la montagne la plus proche était semé de petites taches grises : des hameaux nichés sur de minuscules plateaux, près desquels subsistaient les traces de glissements de terrain. En bas, le ruban argenté d'un cours d'eau serpentait en contournant des grappes de lumières clignotantes.

Un rosaire à la main, le dalaï-lama m'en a montré une en me disant : « Les lumières de ce village sont toujours là. » Il m'a fait signe de me pencher vers lui pour voir la pente qui s'étendait du col de Triund à la plaine scintillante.

Il était 5 heures. C'était un dimanche de prémousson. Vu la fraîcheur qui régnait dehors, le dirigeant tibétain était légèrement vêtu. Il ne portait pas sa robe de moine, mais une chemise orange sans manches, à col mandarin, dont le tissu satiné chatoyait dans la lueur de l'aube. Retenu par une étole bordeaux, un sarong rouille, qui lui descendait aux chevilles, lui entourait la taille. Je ne l'avais jamais vu dans cette tenue. J'ai compris qu'il la portait de temps à autre, le matin, dans sa résidence.

C'était la première fois qu'il m'invitait sur cette terrasse, où une passerelle et une plate-forme en béton venaient d'être construites. En dessous de nous, se trouvaient les jardins de sa résidence, située sur le rebord d'une saillie, où cèdres, pins et rhododendrons poussaient en abondance.

Nous ne nous sommes pas attardés. Au bout de cinq minutes environ, nous avons regagné le grand salon et la salle de méditation aménagés à l'étage. Après s'être déchaussé, le dalaï-lama s'est dirigé à pas feutrés vers l'alcôve et s'est assis derrière son bureau, en position du lotus.

Presque aussitôt, Paldjor-la, l'un des moines à son service, est entré muni d'un plateau qu'il a posé sur un coussin, près du dalaï-lama. Outre deux Thermos, je voyais un gros bol en verre empli de porridge, une assiette de toasts épais, du beurre et de la confiture.

Le dalaï-lama a déplié une serviette en tissu dont il s'est couvert le ventre. Tenant le bol de porridge de la main gauche, il en a pris une grosse cuillerée de la droite. Les yeux dans le vide, il a porté la cuiller à ses lèvres, puis s'est mis à manger en lisant un épais ouvrage non relié – des textes religieux tibétains – placé devant lui.

Il a saisi une tranche de pain tibétain, pétri le matin même dans ses cuisines, qu'il a tartinée de confiture de fraise. Après avoir déposé des fragments de beurre sur le tout, il a mordu dans le toast. Pour son petit déjeuner, il a englouti le bol de porridge, deux grosses tartines et au moins deux tasses de thé au lait. Pendant qu'il se restaurait, il se concentrait sur sa lecture et ne faisait aucun effort pour me parler.

Il aime prendre ses repas seul. Lors de ses déplacements à l'étranger, il reçoit de nombreuses invitations à des petits déjeuners ou à des déjeuners. Tenzin Guéshé Trétong, son secrétaire particulier, fait de son mieux pour en décliner la plupart. Si le dirigeant tibétain doit manger en compagnie, il décourage toute conversation.

À 5 h 30, il s'est levé et m'a fait signe de le suivre. Il est allé dans sa salle de bains, dont tout un mur se compose de fenêtres, et il a tiré les rideaux pour découvrir la grandeur mystique des montagnes. Une pile de la *Far East Economic Review* se dressait sur une table basse, placée près des toilettes. Il a ouvert un robinet et s'est mis à se brosser les dents.

Lors de mes voyages en sa compagnie, j'ai remarqué qu'il se brossait presque toujours les dents après les repas. Un jour, le président et le corps enseignant de l'université de Tromso, en Norvège, avaient donné un déjeuner en son honneur. À la fin des agapes, le dalaï-lama avait sorti de sa besace monacale une brosse à dents écarlate et un petit tube de dentifrice, qu'il avait brandis devant ses hôtes pour qu'ils les admirent. On aurait dit un pêcheur qui vient de relever une grosse prise. Ses ustensiles à la main, il s'était levé pour se rendre à la salle de bains, au grand ravissement des soixante invités.

De retour dans la salle de méditation, il s'est enveloppé dans son étole et s'est assis sur le coussin. C'était l'heure de sa séance matinale. Mais avant de commencer, il a décidé de me faire part de son emploi du temps.

« Après ma méditation, vers 8 heures, je crois que je ferai une retraite pour me consacrer à des prières et des méditations spéciales. Elle durera sans doute une heure et demie ; vous pouvez rester. Après, je lirai peut-être, ici ou là. » Il m'a montré le salon que je voyais par la porte ouverte. « Puis, je déjeunerai ici vers 11 h 30. L'après-midi sera libre, c'est-à-dire que je pourrai lire. Aujourd'hui, c'est dimanche et je n'ai pas de travail. D'ordinaire, je change mon bracelet de montre... » Il s'est mis à rire en tripotant sa montre. « Mais aujourd'hui, je crois que je n'ai rien à faire. Ce soir, vers 5 heures, je prendrai un bain. Après, je m'assiérai ici, couvert d'une serviette, comme les gens de Nouvelle-Guinée, tout nu. » Cette image a provoqué en lui un spasme de rire. « À 5 h 30, 5 h 40, je prendrai un thé. Et ensuite, au revoir ! »

Pour la première fois depuis notre rencontre, il m'invitait à passer une grande partie de la journée avec lui dans ses appartements.

Il a ôté son étole et l'a de nouveau drapée sur son torse. Puis il a posé son rosaire sur son ventre, abaissé sa robe sur ses jambes croisées et remonté sa montre sur son bras. Il s'est étiré, penché en avant et assis bien droit. Il était prêt à méditer.

Il m'a semblé qu'il ne différait guère de certains ermites que j'avais vus au Tibet. Ces hommes se retirent dans de petites grottes de l'Himalaya et mangent ce que de fidèles serviteurs leur apportent. Leur unique responsabilité consiste à avancer dans leur pratique spirituelle. Assis sur son coussin de un mètre carré, le dalaï-lama était lui-même son propre ermitage – certes, bien aménagé... Son espace personnel, délimité par un simple bureau et un cabinet de bois équipé d'un rabat rouge, équivalait à la surface d'une cabine téléphonique.

Une minute ou deux plus tard, il était plongé dans une méditation profonde. Ses yeux étaient fermés. Sur son ventre, ses doigts faisaient défiler les perles du rosaire à un rythme égal. À mesure que le temps passait, sa tête se penchait en avant. Parfois, je voyais ses yeux bouger rapidement sous ses paupières, telles deux billes sous un mouchoir.

Une heure s'est écoulée. Sans mettre fin à sa méditation, il a tendu le bras vers le cabinet situé à sa droite et a allumé une radio. Après les quatre bips habituels, le BBC World Service s'est fait entendre. Il était 6 h 30 à Dharamsala et 13 heures à Greenwich. La rencontre d'Ariel Sharon, le Premier ministre israélien, et de Mahmoud Abbas, son homologue palestinien, constituait la principale information du jour. « Ils se sont retrouvés à Jérusalem pour discuter du plan américain de paix que l'on appelle la "Feuille de route", a annoncé la journaliste, dont la voix résonnait dans la paisible pièce. La réunion a eu lieu dans les bureaux lourdement gardés d'Ariel Sharon. La conversation a surtout porté sur les questions de sécurité. »

Rien, dans le comportement du dalaï-lama, n'indiquait qu'il écoutait, mais son corps me semblait curieusement tendu. Il a croisé les mains et appuyé ses pouces sur son nez. Il y avait quelque chose de volontaire dans ce geste. C'était comme si, par ce contact entre ses mains et son visage, il accédait à un autre niveau d'entendement.

Toujours absorbé dans sa méditation, il a pris ses lunettes de soleil – une lumière crue brillait au-dessus du Dhauladhar et inondait la salle – et il a marmonné quelques bribes de prières avant d'éteindre la radio.

Il s'est alors levé pour se rendre au salon. Cette superbe pièce, dont trois côtés sont équipés de baies vitrées, occupe une bonne moitié de l'étage. À l'extérieur, des cascades de bougainvillées filtraient les rayons du soleil. Il a gagné l'extrémité opposée et s'est assis sur un coussin posé par terre, derrière une table basse chargée d'écrits bouddhiques.

Un tapis de jogging dernier cri, offert par un dévot allemand, était placé devant un bouddha laqué, taillé dans un tronc noueux, que j'ai aussitôt reconnu. C'était un cadeau de Chen Shui-bian. J'étais présent quand le président de Taïwan l'avait remis au dirigeant tibétain. J'imaginais celui-ci, les yeux fixés sur la sculpture comme d'autres sur leur émission de télévision préférée, se livrant à l'exercice...

Tout en lisant, le dalaï-lama prenait des notes. Au bout de vingt minutes, il s'est levé pour aller vers un fauteuil situé de l'autre côté de la pièce. Je l'ai suivi et je me suis discrètement assis sur une chaise placée près de lui.

« Il se passe parfois de drôles de choses, m'a-t-il dit tout à coup. Pendant l'été 1958, de précieuses reliques se sont matérialisées sur le trône du Bouddha, dans le grand temple de Lhassa. On m'a prévenu et on m'en a envoyé certaines à mon palais d'été. Moi, je n'étais pas convaincu. Je ne savais pas si c'était vrai ou non. Le moine qui s'occupait de cette statue à l'époque était vieux et gros. Il avait l'air douteux. Nous nous moquions toujours de lui. J'étais donc sceptique. J'ai envoyé un officiel. Il a mis une écharpe blanche à l'endroit où les reliques étaient apparues et il a posé les scellés. Quelques jours plus tard, je m'y suis rendu. J'ai brisé les scellés. Oh, il y avait beaucoup de reliques dans une fissure du siège du Bouddha. J'y ai vu un signe, une sorte de cadeau d'adieu. Et en mars 1959, nous sommes partis. C'est curieux, non ?

— À quoi ressemblaient ces reliques ?

— Elles étaient blanches. Comme de petites pilules rondes. Il y en avait beaucoup. Presque de quoi remplir une tasse. »

L'air songeur, il a regardé par la fenêtre en faisant cliqueter les perles de son rosaire, puis il a tourné les yeux vers moi.

« Vous êtes souvent venu me voir, ces dernières années... Vous m'avez accompagné dans de nombreux voyages. Dès que vous le pouvez, vous m'interrogez. Parfois, vous posez des questions idiotes... » Il a éclaté de rire avant de poursuivre : « J'aimerais vous demander quelque chose. »

Voilà qui était nouveau, imprévu au scénario. Je ne savais pas si j'y étais prêt.

« Bien sûr, Votre Sainteté. Je vous répondrai de mon mieux.

— Vous connaissez le Tibet, vous y êtes allé. » Je sentais son attention se renforcer, comme s'il m'envoyait l'énergie d'une de ses méditations sur un seul point. « Vous y avez travaillé. Vous avez écrit un gros livre sur ses lieux de pèlerinage. Que pensez-vous des Tibétains ?

— Eh bien, comme vous le savez, j'ai connu les Tibétains et leur culture à mon arrivée à Dharamsala, il y a plus de trente ans. Pour un Chinois de Hong Kong habitué à la rapidité, c'est un choc culturel ! La chaleur des gens m'a surpris. Ils riaient facilement. Et j'avais l'impression qu'ils se souciaient de ceux avec qui ils entraient en contact. Même des étrangers...

« Quand j'ai voyagé au Tibet, les Tibétains que j'y ai rencontrés avaient les mêmes qualités. Et surtout, ils ne nourrissaient aucun préjugé à mon encontre, même lorsqu'ils apprenaient que j'étais chinois. Je n'ai jamais eu à faire semblant d'être japonais.

« Je sais qu'ils font l'objet de projections et d'idéalisations romanesques. La réalité est tout autre. Comme la plupart des gens, ils peuvent être dévoyés et matérialistes. Mais après les avoir longtemps observés, je peux dire avec honnêteté : en gros, leurs qualités compensent amplement leurs défauts.

— C'est, je crois, une impression générale. Sinon, avec le temps, l'attitude des touristes étrangers changerait. Mais après quarante-quatre ans, alors qu'ils voient les travers et les défauts des Tibétains, ils se montrent toujours plus amicaux à leur égard. »

J'ai opiné du chef. Comme je l'avais vérifié, ce constat était sans doute vrai à Dharamsala, où les voyageurs se présentaient en nombre sans cesse croissant. À tel point que les autorités indiennes avaient décidé de faire un effort pour améliorer les infrastructures de la station d'altitude.

« Approchez ! » Je me suis exécuté. « Nous sommes devenus amis. Et plus encore... Avec le livre qui va sortir, vous allez essayer d'informer le public sur le Tibet et le dalaï-lama. Ce ne sera pas de la propagande, je crois. Que pensez-vous du livre, de notre travail commun ? »

Je jugeais intéressant qu'il ait employé le terme « propagande », car il est extrêmement sensible à cette question. Toute sa vie, il a observé l'effet corrosif de la propagande chinoise. Aussi tient-il coûte que coûte à l'éviter.

« Je ne pense pas que ce livre soit une forme de propagande. Je m'efforce d'écrire ce que j'ai vu de mes propres yeux, de le rapporter aussi fidèlement que possible. Mais je dois vous signaler une chose : je ne suis pas exactement un journaliste impartial, adepte de l'investigation pure et dure. Au fil des ans, j'ai tissé des liens puissants avec de nombreux Tibétains. J'ai un faible pour vous et pour le Tibet. Mais j'essaie de rester objectif, de ne pas me raconter trop d'histoires. »

Il a acquiescé de la tête, puis a ôté ses lunettes pour

s'essuyer les yeux de ses paumes. Peut-être se lassait-il de mes élucubrations... J'ai remarqué un cabinet de bois placé face à lui, à l'autre bout de la pièce. Des journaux et des livres y étaient posés. Parmi eux, trônait une grosse radio noire – un matériel professionnel d'un autre temps. Dans un coin se trouvait une petite photographie représentant sa défunte mère, qu'il aimait beaucoup.

Il a repris le fil de sa pensée. « Tout ça s'est passé depuis que vous me connaissez. Maintenant, quels changements constatez-vous en vous-même ? »

Je n'y avais guère songé. Les mots me manquaient.

« Eh bien, je crois que vous êtes mon modèle. Votre capacité à pardonner, votre bienveillance envers les autres, même ceux que vous venez de rencontrer, votre haut niveau de morale, votre altruisme... Je les vois à l'œuvre. Ce sont des exemples percutants pour moi. Mais le plus important, c'est que, après avoir intégré certaines de ces idées, j'ai pu les transmettre à mes deux enfants. J'espère devenir un modèle passable à leurs yeux. »

Il était inconfortablement assis au bord de son fauteuil. Il m'a semblé que, après avoir passé plus de quatre heures par terre ce matin-là, il avait peine à maîtriser le mobilier contemporain destiné au commun des mortels. Il a changé de position, en tentant de se caler sur les coussins du fond, et s'est aperçu qu'il était trop étendu. Il a alors appuyé le creux de ses reins contre un bras du siège. Il avait l'air encore plus mal à l'aise qu'avant.

« Je ne dirais pas que je suis devenu meilleur depuis que je travaille avec vous, ai-je poursuivi. Comme vous l'avez déclaré, il faut du temps. Mais je crois être plus conscient, plus sensible. Je sens que l'altruisme nous est rendu, par exemple. Si je suis bon envers autrui, j'en tirerai des bienfaits. J'ai connu le bonheur de prendre autrui en considération. Je ne doute pas que vous ayez le pardon dans le sang. J'ai constaté qu'il vous procurait la paix de l'esprit. J'ai aussi découvert l'interdépendance. Comme vous l'avez dit : "Si un événement se produit dans un endroit éloigné, ses répercussions nous atteignent chez nous." Voilà certaines idées que j'ai côtoyées. J'en ai sans doute oublié quelques-unes, temporairement. Si je dois faire un autre livre avec vous, alors tout espoir n'est pas perdu pour moi. »

Cette chute l'a bien fait rire.

J'ai décidé de lui poser une question qui me trottait dans la tête depuis quelque temps : « Toute votre vie, vous avez été moine bouddhiste. Sans parler de choses aussi ardues que le nirvana ou l'Éveil, à quoi voulez-vous parvenir ? »

Il n'a pas hésité. On aurait dit qu'il attendait ce moment. Voici ce qu'il m'a répondu : « Au bonheur. Ma pratique m'aide à mener une vie utile. Si je peux donner de courts instants de bonheur à autrui, alors j'ai l'impression qu'elle sert à quelque chose. Ça me procure un profond plaisir mental. On éprouve toujours ce sentiment quand on se met au service d'autrui. Quand j'aide autrui, je suis heureux. Pour moi, le plus important, c'est la compassion humaine, l'attention portée à autrui. »

À la fin de cet entretien, il s'est levé pour regagner sa salle de méditation. Il s'est assis à son bureau et s'est remis à prier. Je me suis installé sur une chaise pliante carmin, placée à quelques mètres de lui. Je le voyais de profil. En arrière-plan, derrière un mur de verre, les sommets pointus de la chaîne du Dhauladhar étaient baignés de soleil. À ma gauche, se trouvait la collection *d'objets d'art*[1] tibétains la plus somptueuse et la plus sacrée qu'on ait jamais constituée. Ces œuvres stupéfiantes, originaires de sites de légende, étaient méticuleusement disposées sur un immense autel protégé par une vitrine. Mon regard se perdait sur des centaines de statues de toutes tailles et sur des thangkas vieux de plusieurs siècles, aux pigments éclatants. J'étais conscient du fait que la vitalité et la bonté fondamentales du dalaï-lama imprégnaient cette pièce, où il avait passé des milliers d'heures en méditation et en prière.

---

1. En français dans le texte *(NdT)*.

19

Esprit sage, esprit calme

Les deux médecins tibétains sont arrivés à la résidence pour effectuer le check-up hebdomadaire du dalaï-lama. Le docteur Namgyal s'est présenté en premier à l'entrée de la salle de méditation. Il s'est prosterné par trois fois sur le seuil. Le docteur Tséten le suivait. Si ma présence les a surpris, ils n'en ont rien laissé paraître. Toute leur attention se portait sur la personne du dirigeant tibétain.

D'un geste, le docteur Tséten a indiqué à son confrère qu'il pouvait commencer. Le docteur Namgyal, un homme élancé d'une trentaine d'années, portait une longue robe noire à col mandarin. Ce spécialiste de la médecine tibétaine s'est agenouillé sur l'épais tapis. Le dalaï-lama s'est penché vers lui. Il a posé son coude gauche sur sa cuisse en tendant l'avant-bras. Le médecin a délicatement pris à deux mains le poignet gauche du dirigeant tibétain. Ses doigts dansaient sur la peau, comme s'il jouait de la flûte. Il recherchait les modifications subtiles, infimes, survenues dans les courants vitaux du patient. Les têtes des deux hommes se touchaient presque. Sur l'un, plusieurs nuances de bordeaux ; sur l'autre, le noir le plus profond... On aurait dit deux grands rapaces d'espèces différentes, aux plumages contrastés, serrés l'un contre l'autre pour faire battre leurs cœurs à l'unisson.

De sa voix profonde et tonitruante, le dalaï-lama a dit quelques mots en tibétain au médecin, qui lui a répondu dans un murmure. Après une minute ou deux, il a lâché le poignet du patient, qui lui a tendu son autre main. Cette fois-ci, le praticien s'est servi des doigts de la main gauche pour prendre le pouls.

À la fin de l'examen, le docteur Tséten, qui a été formé en Occident, s'est approché du dalaï-lama pour placer un oreiller sur son ventre. Le dirigeant tibétain y a posé le bras droit. Le docteur Tséten a sorti son stéthoscope pour vérifier la tension artérielle du patient. Pendant ce temps, le dalaï-lama ne cessait de l'interroger et de le renseigner. De toute évidence, il prenait une part active dans la surveillance et la préservation de sa santé.

Dix minutes plus tard, les médecins sont sortis aussi silencieusement qu'ils étaient entrés.

Le dalaï-lama a regagné son coussin de méditation. Il s'est tourné vers moi pour me lancer : « Et maintenant, d'autres questions ! »

Il voulait donc poursuivre l'entretien. Je sentais qu'il appréciait ce nouveau travail. Pour changer, c'était lui qui m'interrogeait. Quant à moi, j'adorais cette inversion des rôles. C'était une nouvelle expérience, qui m'offrait la possibilité d'échanger différemment avec mon coauteur et m'obligeait à penser à des points sur lesquels je ne m'étais guère arrêté jusque-là.

« Vous êtes né dans une famille chinoise, vous êtes chinois, mais vous avez grandi, je crois, dans une société plus occidentalisée, a-t-il commencé.

— Oui. Pendant les vingt premières années de ma

vie, j'ai habité Hong Kong. À cette époque-là, j'étais encore très chinois. Ma mère ne parlait pas anglais. Son état d'esprit et ses mœurs étaient tout à fait chinois. Mais Hong Kong était une colonie britannique. Je suis donc allé à l'école anglaise. Je crois que j'étais un peu des deux : d'éducation chinoise, mais ayant reçu l'influence occidentale.

— Hum hum. » Il réfléchissait à mes propos. « Aujourd'hui, vous avez davantage de contacts avec les Tibétains. Ce sont des Asiatiques. Le bouddhisme est commun aux Chinois et aux Tibétains. Votre culture est donc plus asiatique. »

Un peu perdu, ne sachant pas où il voulait en venir, je me suis lancé : « J'ai quitté Hong Kong à vingt ans. Depuis, j'ai passé le plus clair de mon temps en Occident. Mais j'ai aussi vécu quatre ans au Népal et je suis allé plusieurs fois au Tibet. Ces années passées dans l'Himalaya ont eu un fort impact sur moi. Grâce à mon goût pour le Tibet et le bouddhisme tibétain, j'apprécie davantage la culture asiatique.

— À la fin d'une Conférence de l'Esprit et de la Vie, une observatrice japonaise m'a dit : "Jusqu'à présent, j'avais toujours la même impression : nous, les Asiatiques, nous avons, bien sûr, une riche tradition, mais aucune aptitude à la recherche. Nous avons toujours le sentiment d'être des objets d'investigation de la part des Occidentaux. Ils nous observent avec leur esprit scientifique. Nous ne pouvons pas les imiter. Maintenant, je sens que nous avons aussi la capacité de mener une investigation sur le réel."

« Et vous, sentez-vous que nos traditions sont riches, mais anciennes, qu'elles ne sont pas très utiles aujourd'hui, qu'elles datent, que l'Occident nous est très supérieur ? »

À un moment donné de leur existence, la majorité

de ceux qui, parmi nous, ont grandi dans un pays du tiers-monde ont ce genre de discussion. L'Occident est si avancé, ses habitants sont si riches, si intelligents... Nous autres Asiatiques souffrons de la comparaison.

« J'ai habité Hong Kong dans les années 1950 et 1960. On surnommait la Chine "le malade de l'Asie" et Hong Kong était considéré comme un désert culturel. Vivant sous domination britannique, je jugeais la culture chinoise inférieure – tout du moins, telle que nous la connaissions à Hong Kong. Sur le plan technologique, nous avions du retard et l'écart se creusait vite. Ce sentiment s'est accentué quand j'ai suivi mes études de physique à l'institut Enrico Fermi de Chicago. Lorsque j'ai découvert la théorie des quanta et les accélérateurs de particules, j'ai été médusé. »

Toujours en position du lotus, il a penché le torse en avant. « Parce que vous connaissez le Tibet, vous comprenez mieux la culture tibétaine et le bouddhisme tibétain, qui font appel à la tradition intellectuelle asiatique. Vous sentez-vous plus asiatique aujourd'hui ? Éprouvez-vous un sentiment nationaliste ? Vous ditesvous : "Nous, les Asiatiques ; nous, les Chinois ; nous, les Tibétains ?" Avez-vous plus confiance en vous ? »

Le dalaï-lama ne se livre jamais au prosélytisme. Depuis plusieurs décennies, il soutient que nous nous porterons mieux si nous en restons aux traditions religieuses propres à notre milieu culturel. Ce jour-là, pour la première fois, il me semblait chercher les compliments. On aurait dit un père montrant avec fierté son premier-né. Dans un rare moment de candeur, il laissait s'exprimer la profonde admiration qu'il ressent à l'égard du bouddhisme. Je le comprenais. Après tout, il le pratique depuis soixante ans. Il ressemble à un athlète olympique qui, au prix d'une discipline incroyable et d'un entraînement forcené, peut prendre la place qu'il mérite sur le podium. J'admire le sportif qui remporte une médaille et je ne lui en veux pas d'éprouver une certaine fierté.

« Quand je vous ai connu, en 1972, lui ai-je dit, je me suis intéressé au bouddhisme. Je me suis plongé dans le zen, le taoïsme et la méditation vipassana. Ces dernières années, grâce à vous, j'ai beaucoup appris sur le bouddhisme tibétain. Je me disais que ce système de pensée vieux de deux mille cinq cents ans était incroyablement adapté à l'homme d'aujourd'hui. C'est un vrai trésor. Il offre un schéma directeur au bien-être émotionnel. En outre, comme l'affirment les scientifiques, il est bon pour la santé. Alors oui, je suis fier de connaître le bouddhisme, cette tradition de sagesse asiatique. Le réalisateur Jean-Jacques Annaud l'a dit : "Le bouddhisme est partout." D'après Amazon.com, il existe aujourd'hui vingt mille ouvrages sur la question. »

À 11 h 30, Paldjor-la, le moine au service du dalaï-lama, est entré. Il portait un grand plateau qu'il a posé sur une table basse placée devant le dirigeant tibétain, déjà assis dans son fauteuil d'angle. Il y avait au moins une dizaine d'assiettes et de bols assortis. Pour le dalaï-lama comme pour beaucoup de moines bouddhistes, le déjeuner est le repas principal de la journée.

Il avait faim. Debout depuis 3 h 30, il avait pris son petit déjeuner six heures et demie plus tôt. Il s'est penché avec impatience et, d'un geste vif, il a soulevé les couvercles. Ce repas somptueux sentait merveilleusement bon. Il se composait de pains tibétains de forme ronde, d'une soupe, de quelques plats de légumes saisis qui avaient l'air délicieux, d'une assiettée de radis et d'une grosse portion d'une préparation qui ressemblait aux rouleaux de printemps vietnamiens. Il a promené un regard gourmand sur ce festin, a détaché un fragment de pain tibétain et en a pris une bouchée. Tout en la savourant, il a levé les yeux et a vu que je l'observais, fasciné, à distance respectueuse. Son attention s'est reportée sur les plats. Puis, après une seconde d'hésitation, il a pris l'assiettée de radis.

« Cadeau. Prenez-en un morceau ! » m'a-t-il dit en me tendant l'assiette. Je me suis exécuté.

« Depuis six mois, je suis surtout végétarien, a-t-il ajouté entre deux cuillerées de soupe. Je ne consomme presque plus de viande, à part, de temps à autre, du yak séché en provenance du Tibet. En 1965, j'ai déjà essayé d'être végétarien. Ça a duré vingt mois. » Il a posé son bol avant de prendre un rouleau de printemps. « Aujourd'hui, je ne suis pas très strict. Dans les grands hôtels, je prends plaisir à manger de la viande. »

Il m'a proposé un rouleau de printemps : « Goûtez-y ! » L'enveloppe caoutchouteuse complétait à merveille la farce délicate, à base de viande de yak séchée – à la saveur intense –, de nouilles transparentes et de légumes craquants. Le goût était exquis. Il avait manifestement un excellent cuisinier.

« C'est bon ?

— Délicieux. »

Il a opiné du chef. « Faites une pause et revenez à 17 heures. Merci et au revoir. »

À 17 heures, quand j'ai regagné la résidence du dalaï-lama, celui-ci était toujours assis sur son coussin de méditation, derrière son bureau. Son torse était enveloppé dans une serviette de bain jaune pâle et sa taille était serrée dans un sarong rouille. D'ordinaire cachée dans un cabinet placé à côté de l'autel, la télévision – un modèle dernier cri – était allumée. Le volume était bas. La main droite sur la télécommande, le dirigeant tibétain regardait Discovery Channel avec intérêt. Une majestueuse jonque à trois mâts se faufilait avec audace entre les îles vert émeraude de la mer de Chine du Sud. Au bout d'une minute ou deux, il a changé de chaîne. Sur BBC World, on donnait les prévisions météorologiques. Sans quitter le récepteur des yeux, il m'a demandé : « Vous savez combien de personnes ont plus de cent ans à Hong Kong ? Récemment, à Tawang, j'ai rencontré des gens qui avaient dépassé quatre-vingt-dix ans. Il y en avait une quinzaine. J'ai demandé à un homme quel âge il avait. Il m'a répondu : “Cent ans.” On lui donnait la soixantaine.

— Mon grand-père paternel est mort à plus de quatre-vingt-dix ans », ai-je bredouillé. Je ne connaissais pas les statistiques de la longévité à Hong Kong. « Et pourtant, c'était un opiomane invétéré. » Cette précision l'a un peu surpris. Il hésitait à me croire.

« Au Sikkim aussi, a-t-il continué, j'ai rencontré quelques personnes de plus de quatre-vingt-dix ans et une de cent ans. Quand j'étais là-bas, il y a des années, une nonne m'a dit être centenaire. Elle faisait environ soixante-dix ans.

— La paix de l'esprit... » ai-je suggéré. Il est en effet persuadé qu'elle nous apporte santé et longévité.

« Je crois qu'ils mènent une vie plus simple. La paix de l'esprit est sans doute présente pour deux raisons. Premièrement : parce que leur vie est très simple. Grâce à cela, l'esprit est moins perturbé. Deuxièmement : parce que leur esprit est très sage. Il sait beaucoup de choses, mais à l'intérieur il est calme. » Il a pointé un doigt vers son nez en précisant : « Comme moi. » Puis il a rejeté la tête en arrière et il est parti d'un long rire.

« Mais comment obtenez-vous cet esprit calme ? lui ai-je demandé.

— L'analyse, s'est-il contenté de me répondre.

— L'analyse ?

— Prenez, par exemple, mes douleurs d'estomac, à Patna. J'analyse la situation. Si on peut éliminer la douleur, alors je n'ai pas à m'inquiéter : il y a une solution. S'il n'y a pas de solution, alors je n'ai pas non plus à m'inquiéter : on ne peut pas tout. Autre chose : il est très utile de comparer la douleur à une douleur plus forte. Aussitôt, vous pensez : "Oh, en fait, cette douleur n'est pas terrible, à côté de l'autre." Et vous vous sentez mieux. »

Il a tendu la main vers le rabat du cabinet en bois, d'où il a extrait des documents.

« J'ai reçu une lettre de Taïwan », m'a-t-il dit. Il a déplié deux feuillets, s'est mis à chercher le passage qui l'intéressait et a lu à haute voix : « J'avais mauvais caractère. J'irritais souvent les gens. Dans mon activité de marchand de thé, mon avidité me faisait rater des bénéfices et je souffrais d'angoisses mentales de temps en temps. Aujourd'hui, après avoir connu le bouddhisme, je prends conscience des travers du désir. Peu à peu, je contrôle mon mauvais caractère. Je ne critiquerai plus autrui aussi facilement. » Il a posé la lettre sur son ventre et m'a regardé. Il rayonnait de plaisir.

« Je crois qu'il dit encore autre chose. » Il a parcouru la page du regard, puis s'est remis à lire : « Un jour, je travaillais dans mon magasin. Tout à coup, j'ai tenu compte des besoins de mes concurrents plus que des miens. C'est une nouvelle expérience. » Il a levé les yeux, s'est bruyamment esclaffé et a poursuivi : « Ça ne m'était jamais arrivé. Maintenant, ma famille et mes amis se sentent plus à l'aise avec moi. Mes affaires se portent mieux. » Il s'est gratté la tête en riant de plus belle.

Paldjor-la est entré à 17 h 30, chargé d'un plateau sur lequel se trouvaient deux Thermos et une assiette couverte d'une serviette. Sur le bureau, il a posé une tasse dans laquelle il a versé du thé fumant. Le dalaï-lama a pris l'autre bouteille pour ajouter du lait chaud au breuvage. Quand Paldjor-la a fait demi-tour pour partir, le dirigeant tibétain a soulevé un coin de la serviette pour jeter un coup d'œil au contenu de l'assiette. Il a parlé au moine, qui est allé chercher une grande boîte en plastique renfermant tout un assortiment de gâteaux secs. Le dalaï-lama a pris tout son temps pour faire son choix. Il a saisi un gâteau rond qu'il m'a offert.

« C'est fini. Merci et au revoir », m'a-t-il dit. Sans bouger de son coussin, il m'a tendu les bras. Je me suis incliné, j'ai pris ses mains dans les miennes et j'y ai appuyé le front.

« Merci, Votre Sainteté. »

Alors que je quittais la résidence, une question m'obsédait. Qu'y avait-il dans l'assiette ? Un mets aussi délicieux qu'interdit ? Comme tous les moines tibétains, le dalaï-lama est censé n'avaler aucun aliment consistant après le déjeuner. Je n'ai pu m'empêcher de sourire en mordant dans le gâteau sec qu'il m'avait donné de ses propres mains.

Remerciements

J'aimerais tout d'abord remercier Sa Sainteté le dalaï-lama. Sans son soutien indéfectible et ses encouragements bienveillants, ce livre n'aurait tout simplement pas vu le jour. Au fil des ans, j'ai eu la chance extraordinaire de pouvoir passer de longues heures en sa compatissante présence. Je suis honoré qu'il m'ait chargé de coucher sa sagesse sur le papier.

J'éprouve une immense reconnaissance envers Tenzin Guéshé Trétong, le secrétaire de Sa Sainteté le dalaï-lama, qui m'a encouragé avec enthousiasme dès le début de ce travail. Avec une grâce et une attention qui n'appartiennent qu'à lui, il m'a aidé à traverser bien des situations délicates.

Ngari Rinpotché m'a approvisionné en biscuits au glucose et en boisson au cola – pourtant difficile à trouver – dans la haute vallée du Spiti. Il a défendu cet ouvrage avec discrétion, sérieux et constance. Son amitié et les moments extraordinaires que nous avons passés en Inde, en Europe et en Amérique du Nord me sont chers.

Tenzin Namdag Taklha a été l'artisan de plusieurs voyages que j'ai effectués en compagnie de Sa Sainteté. Sa maîtrise des innombrables détails à gérer dans ces situations compliquées est sans égale. Je lui sais gré du sens de l'équité et du professionnalisme avec lesquels il a répondu à mes nombreuses demandes – souvent de dernière minute.

Lors de mes entretiens avec Sa Sainteté, à Dharamsala, Lhagdor s'est toujours tenu à mes côtés. Je suis rassuré par sa présence et je goûte sa capacité à éclaircir certains des enseignements les plus difficiles du dalaï-lama. Son authentique chaleur, son grand sens de l'humour et sa connaissance encyclopédique du Dharma m'ont aidé à trouver le ton de ce livre.

Lodi Gyari, Samdhong Rinpotché et T. C. Trétong ont toujours su consacrer du temps à ce projet. Leur conversation avisée et leurs conseils judicieux leur valent toute mon estime. Je remercie ces sages Tibétains de leur amitié.

En Amérique du Nord, en Europe et en Asie, les Bureaux du Tibet m'ont aidé à assurer la logistique de mes voyages en compagnie de Sa Sainteté. J'aimerais tout particulièrement remercier le Docteur Rabgyal, Tenzin Atisha, Tseugyal, Kelzang Taklha, Djigmé Tcheukyapa, Tashi Wangdé et Kelzang Gyaltsen. À Dharamsala, j'aimerais aussi remercier Djetsun Péma, Tséring Taklha, Tcheukyi Trétong, le docteur Sadoutshang et son épouse, ainsi que Joyce Murdoch, pour leur généreux soutien et leur hospitalité.

Noah Lukeman, mon agent, et Amy Hertz, ma responsable éditoriale chez Riverhead, ont parié sur ce livre et l'ont ardemment défendu depuis lors. Je tiens également à remercier Marc Haeringer et Julie Grau, de Riverhead, pour leur implication et leur dévouement dans les dernières phases du projet. Cet ouvrage doit beaucoup aux conseils éditoriaux de Barbara Pulling, Laurie Wagner et Nancy Pollak.

Je souhaiterais exprimer ma gratitude à Pitman Potter, directeur de l'Institut de Recherches asiatiques de l'université de Colombie-Britannique, qui a d'emblée soutenu ce livre avec enthousiasme. Lors de la visite de Sa Sainteté à Vancouver, en 2004, j'ai trouvé en lui une source inépuisable de force et d'inspiration.

Jacquie Massey, une véritable amie de la famille, a lu les nombreuses versions de ce texte. Toujours gaie et pénétrante, elle a émis des critiques qui se sont révélées utiles. J'ai appris à m'en remettre à sa sensibilité parfaite. Ma sœur Bonnie m'a offert, outre quelques billets d'avion, son réconfort moral. Le docteur Cutler et Manuel Bauer ont parfois été mes compagnons de voyage. Je leur sais gré de leur bonne volonté et de leur sympathie.

Suzanne Martin, mon épouse, a joué un rôle indispensable dans l'écriture de ce texte, et ce dès le départ. Elle a été la première à en lire l'esquisse et la dernière à y apposer son sceau en signe d'approbation. Économe dans la louange, elle s'est montrée compatissante lorsqu'elle devait m'annoncer de mauvaises nouvelles. Depuis plus de dix ans, elle m'accompagne avec altruisme dans toutes mes entreprises, qu'elles soient judicieuses ou non. Elle a apporté une contribution généreuse et inconditionnelle à cet ouvrage. Sa chaleur et sa présence charmante imprègnent notre foyer. Ce livre lui est dédié, ainsi qu'à nos filles, Lina et Kira.

Victor Chan

Table

Achevé d'imprimer sur les presses de

BUSSIÈRE

GROUPE CPI

à Saint-Amand-Montrond (Cher)
en septembre 2007

POCKET - 12, avenue d'Italie - 75627 Paris Cedex 13

— N° d'imp. : 71490. —
Dépôt légal : octobre 2007.

Imprimé en France